心理弹性

给孩子一颗强韧的心

[南非] 娜奥米·霍尔特 —— 著

苏彦捷 等 —— 译

湖南教育出版社

·长沙·

致克里斯蒂安与瑞秋：
我之所以存在，是因为有你们

致戴夫：
你如磐石，令我也能成为他人的支柱。

目录

关于我 　　　　　　　　　　　　001
前言 　　　　　　　　　　　　　003

PART 1　关于心理弹性

一切的起点 　　　　　　　　　　009
如何培养心理弹性？ 　　　　　　015
如何用好本书 　　　　　　　　　020

PART 2　培养孩子的心理弹性，父母应该拥有的 20 个特质

特质 1　自己先具备心理弹性　　　025
特质 2　把自己放在第一位　　　　027
特质 3　会正确呼吸　　　　　　　035
特质 4　勇于直视养育之镜　　　　047

1

特质 5 经营好亲密关系	056
特质 6 让父亲深度参与	060
特质 7 设定清晰一致的边界	064
特质 8 筑牢情感地基	079
特质 9 拥抱孩子的情绪风暴	087
特质 10 不妄图做"救世主"	110
特质 11 把游戏当作必修课	113
特质 12 倾听时全身心在场	124
特质 13 让语言成为治愈力	139
特质 14 用乐观重塑世界	153
特质 15 不被情绪绑架	158
特质 16 培养解题高手	162
特质 17 拥抱成长型思维	168
特质 18 学会得体退出	177
特质 19 允许孩子搞砸	180
特质 20 坦然说"对不起"	183

PART 3　关键养育策略

致焦虑的父母	**191**
界限与管教	**193**
重要对话	**204**
育儿箴言	**206**

终章：养育是一场双向治愈的旅程	**209**
致谢	**211**
译后记	**213**

"安全并非在于威胁的缺失,而在于连接的存在。"

——加博尔·马泰

关于我

开始阅读本书之前,你可能应该了解一下我是谁,我做什么。

我是一个已婚母亲,有幸养育了两个极具同理心的孩子。作为一个家长,我和你们一样,有时会犯错,把事情搞砸;也和你们一样,学着笑对自己的缺点,从错误中学习,并在这一切中发现这段不可预知、跌宕起伏的旅程所带来的巨大快乐。写这本书时,我的儿子十岁,女儿八岁。在某种意义上,我与孩子们打交道已有三十年——从少年领袖到教育家,从心理学家到母亲。值得庆幸的是,我仍然每天都能从孩子身上学习,他们一直是并将继续是我人生中最伟大的老师。

这本书汇集了我在家庭生活中和心理治疗实践中的真实故事。我怀着热爱将这些故事写下来,期待这些文字能丰盈你的育儿之旅,深化你与孩子的感情纽带。

作家伊丽莎白·吉尔伯特的一句话道尽了育儿的本质:

"养育孩子就像在脸上文身一样,你最好有决心。"

而当你拿起这本书，已经证明你许下这份承诺的决心。

感谢你与我共赴这段旅程。

♥ 爱你们的娜奥米

2023 年 8 月

不可否认，过去几年世界一直处在动荡之中，无常、混乱而疯狂，可以说"未知"的变量已突破天际。成年人尚且应对失措，对大脑还在发育的孩子而言，这更无异于一场残酷的生存课。

回首历史长河，命运一直在朝人类身上投掷烂柠檬*，这就是生活：总是在我们猝不及防时，给予一记重拳。即便我们全副武装，也会被击倒在地，我们的孩子也终将经历这样的时刻。

但这并不是故事的结局，关键在于：如何让孩子重新站起来？

2010年，这个问题开始在我心中盘旋。那时我为一个有严重学业困难的男孩马克进行了一次教育评估，发现除了学习障碍，他还有严重的抑郁症状。我跟马克的父母沟通，建议马克接受药物与心理治疗，他的父母也采纳了我的建议。然而，八个月后，我收到噩耗：

马克自杀了。

---

*在英语中，柠檬常常被用来象征"不幸"或"倒霉的事情"，这句话可以理解为：历史上，人类一直在遭遇各种各样的不幸或挫折。——译者注。

我悲痛万分。一个曾经走进我咨询室的孩子,一个活泼泼的生命,就这样消失了。

马克不是生来就患有抑郁,没有哪个孩子是。他像你我的孩子一样,也曾有过爱笑爱奔跑的童年,究竟是什么杀死了这个纯真的少年,再也没能从泥泞中站起来?

疑问如雪崩般向我袭来。

我们到底能做些什么来加强孩子的心理弹性,让他们成长为一个健康的、快乐的年轻人呢?

这个沉甸甸的问题让我的思绪不停翻涌,神奇的是,那些复杂的艰深的思考最终都引领我走向相同的简单答案,也就是我有幸将在这本书里与你们分享的。

所以,如果你想找的是一本充满统计数据、公式和硬核理论的书,那么这本书并不适合你。而如果你想得到的是一个简单的"工具包",一份教你怎么做的速成清单,这本书可能也会让你失望。我想给你的是更珍贵的东西:通过微小而深刻的改变,让孩子在联结的沃土中长出反弹的力量。我希望这本书简单易读但内容深刻,以轻松易读的段落和可操作的建议,赋予你力量,拥抱育儿这场混乱而美丽的冒险。

请将本书视作一本"成长手册",留白处供你自我反思——不是浮于表面的感动,而是真正引发深刻转变的思考。愿这些文字助你从"我该怎么办?"迈向"我能搞定!"——哪怕你宣告时声音仍带着颤抖。

这里你需要一个温柔的提醒:

 提醒:没有人——绝对没有人——能完全参透生活,更别提育儿之道了。

事实上，我们大多数人都在拼命划桨，同时努力维持平静的表象，在这段旅程中寻找意义，试图养育出快乐、健康和坚韧的孩子。

育儿过程充满了美好的瞬间——那些联结的温暖，神奇的瞬间，塑造孩子灵魂基石的回忆。与此同时，育儿也是艰难的——它是严酷的，是令人疲惫的，甚至是令人心碎的……

所以，我希望你将下面五个字刻进生活，你可以将其醒目地写在镜子上，或者设置一个每日提醒闹钟，或者干脆做成屏保：

我并不孤单。

在那些与孩子们创造的神奇瞬间和心灵连接之间，我们有时是"好家长"有时是"坏家长"，无论是那些想用被子蒙住头假装这个世界不存在的清晨，还是某个希望全世界重启的午后，所有父母都在同一条颠簸的航船上。即使是我这样看似拥有几十年经验的"育儿专家"，也仍在学习中。

在这个充满不确定的世界里，父母（我指的是所有的照料者和监护人）的言行拥有重塑孩子生命轨迹的伟大力量。这责任看似沉重，但请相信以下两点：

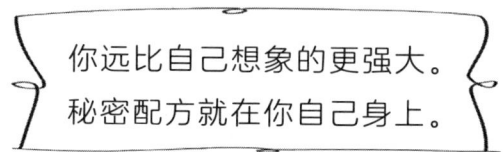

你远比自己想象的更强大。
秘密配方就在你自己身上。

最后还有一个重要提醒：既然我们都是会犯错的人类，那么书中的每个建议，都需要反复实践——而这正是塑造心理弹性的根基：健康依恋关系中的深度联结。

那么你准备好了吗，让我们开始吧！

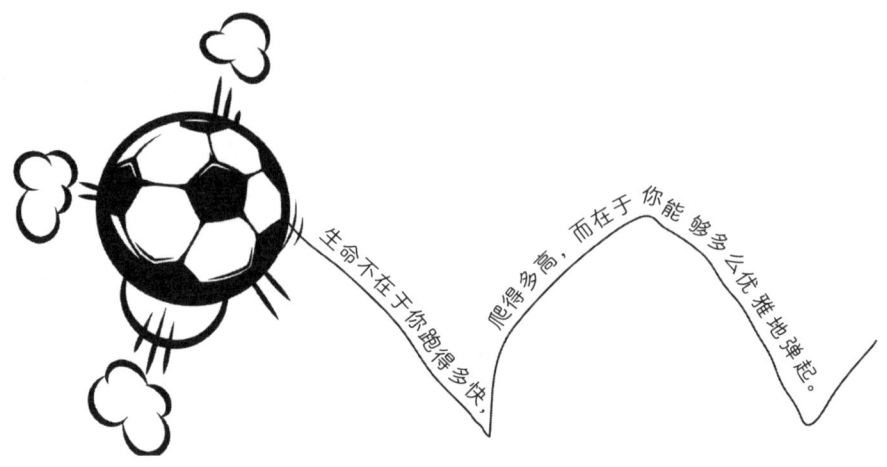

生命不在于你跑得多快，爬得多高，而在于你能够多么优雅地弹起。

——薇薇安·柯莫瑞

PART 1
关于心理弹性

一切的起点

从你第一次将新生儿抱入怀中的那一刻起,生活便永远改变了。尽管你可能读过很多育儿书籍,听过各种育儿讲座,参加过育儿培训营,帮忙照顾过你的侄子侄女,在产前课程中学习过如何平静地呼吸——但这一切都无法真正让你准备好成为父母。

只有你第一次触摸到那柔嫩的肌肤、看进他澄澈眼睛的那一刻,一种前所未有的决心在你体内蓬勃生长,那是一种近乎凶猛的保护欲,你内心的猛虎被唤醒了。

就是这一秒,一切天翻地覆——从此,你的人生不再只属于自己。

从今往后,那个小小的生命将成为你世界的中心。你会倾尽全力,只为守护他的身心安然无恙。无论孩子多大,这种本能永不消退。为人父母,是人生最艰难、最令人疲惫,也是最让人感到无力的旅程之一。我们总想为孩子抵挡一切风雨,却不得不面对最残酷的真相:有些跌倒,你无法替他缓冲;有些伤痛,你无法替他承受。友谊破裂、球队落选、考试失利、成为犯罪受害者、经历创伤、亲人离世、父母离异、家庭冲突、遭遇欺凌、接触毒品酒精、焦虑抑郁……这张清单无休无止。

痛苦、悲伤、失望本身就是生活的一部分，它们会在孩子们的人生里接连登场，无人能够幸免。

但这让作为父母的我们痛苦不已。因为很多时候我们能做的，只是无奈地站在场边，绷紧"虎爸虎妈的肌肉"——那些在育儿过程中抑制不住的保护欲，让我们焦虑，让我们彻夜难眠。

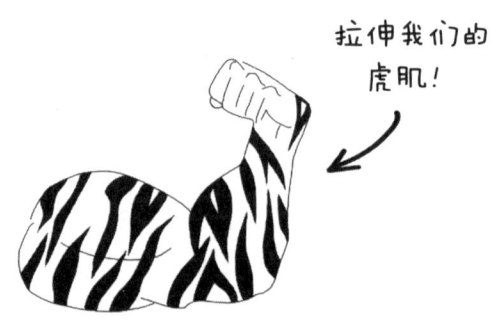

代际养育的困境

如今的孩子们,可能是史上最被过度保护,却最缺乏安全感的一代。直升机育儿、虎爸虎妈式教育、铲雪机父母、放养式育儿……孩子们的日程被塞满、生活被精准操控,而父母依然活在"是否毁掉孩子"的恐惧中。

过去几十年里,育儿的方式发生了翻天覆地的变化。我们的祖辈将孩子交给保姆,如果家庭能够负担的话,育儿只是"偶尔互动",孩子只需"安静不添乱"——比如大人在房间里喝威士忌时,孩子最好乖巧地不要去打扰。

到我们的父辈则不同,他们更喜欢跟朋友们混在一起,与朋友们聊天、打网球,让我们自己玩自己的。我们骑着自行车在街头游荡至天黑,周日虔诚地去教堂礼拜,坐车不系安全带,在危险的游乐设施上玩耍,还在美术课上给父母做烟灰缸。那个年代的育儿关键词是"放手"。

如今,一切都变了,这种转变无声又无情:父母过度干预,导致孩子日程爆满、焦虑疲惫,而家长在愧疚中负重前行。即便我们与孩子的物理距离更近,心灵却前所未有地疏离。加上疫情、经济动荡、自然灾害与政治危机,这一代青少年普遍缺乏自信、自我认知与心理弹性。

1960—1980年代的专制教育绝非完美。"我是上帝,违逆者下地狱"的威权模式,造就了无数心理破碎的成年人(尽管鲜有人承认)。这些年,我们对大脑、对神经发育、对心理需求的了解越来越深入,我们本以为能借此找到育儿的平衡点,然而现实却狠狠地扇了我们一耳光。

我们自身缺乏韧性,孩子亦然。我们小心翼翼地把孩子裹进泡泡膜,给他们穿上"情感防弹衣",却剥夺了他们应对挫折的能力。

正是在抗争中,我们学会相信自己能行。

父母的任务不是防止孩子跌倒,而是在他们跌倒时陪伴左右,支持他们自己站起来。

心理弹性长什么样?

如果你和我一样喜欢小熊维尼,就想想里面的跳跳虎,它积极、热情、阳光,充满魅力。无论遭遇什么,它总选择看到更好的那一面,并且蹦跳着跨过障碍,向前,向前。如果你知道跳跳虎,那么就想想橡皮筋——你可以把它拉得很长,但它总能一次次回弹。

如果你喜欢更正式的定义,下面就是:

心理弹性:从逆境中恢复或适应变化的能力。

我们追求的,不是给孩子造一个没有风浪的伊甸园,而是帮助孩子在历经风浪后重新找回内心的锚点。

基因的力量

基因并不决定命运。即便家族有抑郁焦虑史，你仍能改写自己的人生剧本。我曾治疗过一个 17 岁的少年，名叫利亚姆，他消极地说："我全家都有抑郁症和焦虑症，我只能终身服药。"我坚定地告诉他："你让一纸诊断书夺走了你人生的掌控权，你必须把它夺回来！"通过半年的努力，他终于从无能为力的泥坑里挣扎着爬起来，重新握紧了自己的方向盘。

医学研究一再证明，基因需要特定环境才能激活，你需要为某些遗传疾病的基因创造一个供它们表达的环境，否则它们会一直在你的身体里沉睡，保持"无害"。

谈到心理弹性，有一些孩子可能会具备某些"先天优势"，有一些特定的基因似乎能够点亮这方面的天赋，包括：

- 5- 羟色胺转运体基因启动子区（5-HTTLPR）
- 黏液型阿片样受体（OPRM1）
- 多巴胺受体 D4（DRD4）
- 脑源性神经营养因子（BDNF）
- 促肾上腺皮质激素释放激素受体 1（CRHR1）
- G 蛋白信号调节蛋白 2 的调控因子（RGS2）

这些高大上的专业名词并不是重点，我想告诉你的是：基因与后天环境的相互作用才是关键因素。而作为父母，我们在塑造孩子的成长环境方面扮演着重要角色。父母的教养方式，能抑制孩子身上的那些"脆弱基因"，激发他们的潜在优势。例如，害羞的孩子若被温柔养育*，可能成长为杰出的领导者；而他们如果被粗暴对待，则可能终生陷入焦虑。

你的选择比基因更重要。

你创造的家庭环境，才是孩子心理弹性的基石。

---

*温柔养育：一种融合尊重、共情与无条件的爱的教养方式。

如何培养心理弹性？

依恋与联结

婴儿出生前，大脑就已预装"依附程序"。与照护者的关系，奠定了未来所有人际模式的基石。健康的依恋关系让孩子成长为自信、善解人意、能轻松处理冲突的成年人。可叹的是，我们中有很多人，终其一生都没能与父母发展出健康的依恋关系，甚至与其产生了巨大的裂痕。

> **为何父母与孩子没能发展出健康的依恋关系？**
>
> 首先，请反复阅读下面的话：
> **不要内疚！不要内疚！！不要内疚！！！**
> 有些因素并不是你能够掌控的，内疚只会破坏我们与孩子的关系，并让我们试图用不健康的方式补偿他们。把内疚关在门外吧，请反复告诉自己：当时的你已经尽了最大的努力，想要给孩子提供最好的情感与物质资源。

健康的依恋关系，是孩子所有人际联结的基石。当孩子的身心需求被持续满足时，依恋的神经通路才能建立起来。懂得这一点，就能理解下面的状况为什么会破坏依恋的纽带：

- 对孩子身心需求的漠视
- 创伤性经历
- 与主要照护者的分离
- 主要照护者频繁更换
- 多次搬迁或被寄养
- 主要照护者罹患抑郁症
- 母亲酗酒或药物成瘾
- 未确诊的疼痛类疾病
   （如肠绞痛、耳部感染，疼痛会阻断情感联结）
- 父母患慢性疾病
- 年轻父母缺乏养育经验
- 家庭内部冲突
- 父母的养育方式不一致
- 主要照护者情绪不稳定
- 善意的放任

我们都期盼孩子能与生命中重要之人建立健康美好的关系。正因如此，我们必须从源头出发，理解通往心理弹性的第一步何其重要。

美国精神病学家布鲁斯·佩里深耕脑科学、儿童发展及创伤治疗数十年，提出六大核心力量层级体系，能为孩子未来的健康、幸福、创造力打下坚实的童年基础，因此也被称为"抵御风暴的疫苗"。这六大能力逐级生长，每一层都为下一阶段奠基。

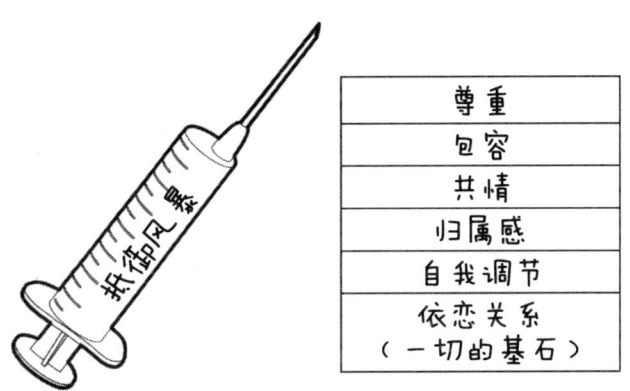

下次你气得想对孩子大骂"你一点也不尊重我"时，请想一想，你的孩子是否拥有了良好的依恋关系。如果答案让你迟疑，请先闭上嘴。

我们总是要求孩子掌握这样那样的技能，因为他们达不到我们的期望而倍感失望，却忽视了最根本的焦点——依恋关系本身。要知道，正如建造金字塔一样，若基底的石块松动，顶端的辉煌不过是幻影。

从你开始

还记得那些烂柠檬吗？我们要学会用它酿出清甜的柠檬水。请凝神细听：这本书不是要改变你的孩子，而是要唤醒你——唯有你具备某些特质，才能引领他们成长为幸福的成年人。它关乎我们如何重塑养育方式，也关乎我们如何为孩子改变自己。真相振聋发聩：症结不在孩子，而在我们自身。

照镜时刻
站到镜前,直视自己。若想养育具备心理弹性的孩子,改变必须从你开始。

这句话或许令人气馁,但请记住:只要你开始行动,那些简单而有力的调整,足以让孩子的人生焕然一新。别被压力吞噬,也不要一边渴望一个有心理弹性的孩子,一边哀叹"我做不到"。莫让焦虑搅乱心绪,陷入绝望的泥潭。我们经常被生活压得喘不过气来,但此刻请你:暂停,呼吸,相信改变的可能。

1° 法则的意义

若飞机起飞时航向偏了1°,最终抵达的地方将与目的地南辕北辙,从洛杉矶直飞罗马需12小时,若机头偏南1°,目的地便成了突尼斯。微小偏差经时间与距离的累积,将会完全改写故事的结局(甚至跨越大陆)。

与其贪求全面革新却半途而废,不如逐日调整1°,从小的改变开始做起。这 1°，将彻底改变你与孩子的关系，重塑他们的心理弹性。读到这里，你是否稍稍松了一口气？1°，就是你的罗盘。

看见孩子的求救信号

理解孩子行为与心理健康的关联，需要我们穿透表象。外在行为永远是内心世界的倒影，这就是为什么需要切断我们下意识做出"这种行为需要责罚"的反应。因为孩子的这些行为要么是成长阶段的自然呈现，要么是一个重要的警示——孩子正在发射烟雾信号，哭喊着求救。他们渴求联结，渴求安全感。

孩子的每种行为都在传递以下两种信息：

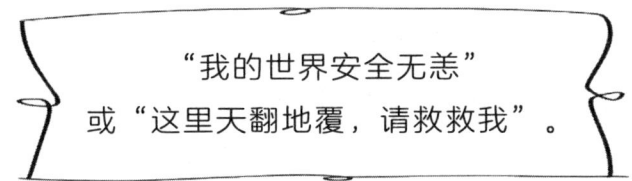

"我的世界安全无恙"
或"这里天翻地覆，请救救我"。

你认为"不守规矩需要管教"的行为，恰恰印证了孩子内心世界的崩坏。赤裸裸的真相是：他们感到危机四伏，而你，是他们唯一求救的对象。你唯有让自己冷静下来，才能看到这一点。

如何用好本书

接下来,你将要读到的是 20 个简单却无比强大的理念,从此刻起,你便可以开始一一实践。它们将重塑你与孩子之间的联结,让他们感受到被珍视的温暖,更将淬炼出强韧的心灵铠甲。

当然,你不必一口气读完它们,因为这样你大概率只能记住其中的三个观点。我真心希望你能够收获得更多。每日细品一部分,哪怕一个小节,并且仔细琢磨,思考需要改变什么,如何以新视角采取行动。如果当中的某些技巧你已经掌握,那就在这部分打钩,但切勿跳读,反复阅读,熟能生巧,并且用实践让其变得更加完善,才能让这些理念内化为自己的东西。所以关键来了:按需取用,并且在家里行动起来。

在阅读本书时,我强烈推荐你开启"茧思时刻"。在蚕茧中的时光,恰似一场静默革命——短暂退守,向内观照,在安宁中孕育巨变。真正的蜕变,不是诞生于灵光乍现,而是孕育在顿悟后的沉思默想中。

你拿起这本书,是因为你想要改变,而预留茧思时刻,将使改变的可能性成倍增长。请在沉思后把你的感悟写下来,在书页留白处或笔记本皆可。那些静默的思绪,藏着撼动世界的力量。

茧思时刻

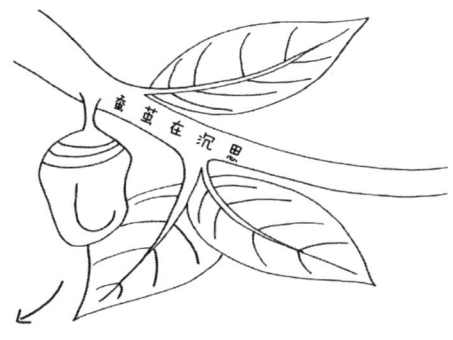

也可被称为"CC 时刻"
(Cocoon Contemplation)

 "茧思时刻"是迈向改变的序章,这些改变最珍贵的馈赠,不仅是家庭氛围的升华,更是亲子关系的涅槃。

接下来这 20 个理念,跟你的孩子关系不大,它们是关于你的,需要你重新诠释自己在育儿旅程中的角色。那么话不多说,现在揭晓培养孩子的心理弹性,父母必备的 20 个特质。

PART 2

培养孩子的心理弹性,父母应该拥有的 20 个特质

特质 1
自己先具备心理弹性

为了更好地理解这其中的逻辑,我们从一个非常简短的特征开始说起。它很短,也很容易理解,但你切不可漫不经心,相反,这一特征非常、非常重要。如果我们做不好这一点,没有不断地朝着它努力,那么其他十九个特质就是无源之水、无本之木。

这可能很难接受,但这是一个基本原则:我们希望孩子拥有很多美好的品质,但我们不能指望孩子成为我们自己所不是的人。

我经常听到家长们这样说:"娜奥米,我的孩子有自尊问题。"或者,"我的孩子有自信问题。你能帮忙解决吗?"。

我的回应通常都是"你的自尊心如何?"以及"你有多自信?"。

在工作中,我还经常听到:"我的孩子非常易怒,该怎么办?"然后,在与孩子进行游戏治疗或心理治疗时,他们往往会这样告诉我:"我爸爸昨晚回家时摔门、踢狗……(诸如此类的攻击性行为)。"

我们的孩子从周围的环境中学习。他们从我们身上学习,我们是他们的"生活教科书"和榜样。我们的行为、表达方式,以及我们对各种情况的反应，都会影响孩子的大脑发育。

你自己需要先具备所有那些构成心理弹性的美好品质，然后才能期望你的孩子拥有这些品质。

这是你的第一个茧思时刻。

 茧思时刻：如果你觉得自己在弹性方面有所欠缺，那就从这里开始吧。这是你的头号优先事项，否则其他的一切都是徒劳的，会像烤糟的蛋奶酥一样坍塌。请花几分钟时间反思，并写下你需要努力改进的地方。

 提示：孩子不会从我们嘴上试图教给他们的东西中学习，也不会从任何花哨的训练营中学到心理弹性，即使那些训练营价格不菲。我们的孩子是模仿者，他们每天都在向我们学习——从他们出生的那一刻起就开始了。

如果你只记得这个章节的一句话，那么请记住这句：成为你希望孩子成为的人。

成为你希望孩子成为的人。

特质 2

也许你会想,养育不是应该把孩子放在第一位吗?确实是这样,但是请让我来告诉你为什么要优先考虑自己:做父母的本能是把孩子们和他们的需求(无论是制作三明治,找乐高积木,还是立刻找到到处乱扔的袜子)都放在自己的需求之前。在养育过程中,我们往往会优先确保孩子们一切都好后,才考虑自己。

我们的孩子正在从我们身上学习他们应该如何珍惜和对待自己。请记住这句话。

茧思时刻:思考一下你正在教育孩子们如何珍视自己,并把你的想法记录在纸上。

"你与自己的关系为你与他人的每一段关系设定了基调。"
——罗伯特·霍尔登

霍尔登的话精彩地概括了为什么优先考虑自己是如此的重要，我们一定要直面这个问题。无论如何不能避开。在我的养育课程里，经常给参与的父母布置一项任务，那就是自我关怀。我告诉他们，接下来的每一天里，他们都需要抽出一点时间，做一些能滋养内在的事情。希望你也能如此。尽管我们知道运动的重要性，但自我关怀并不一定只是身体锻炼！也许是在花园散步，画画，和朋友喝咖啡，抱抱你的狗，或者听播客。做那些能让你感到愉悦的事情。

你还是不知道应该做些什么，没关系，别担心，有很多人跟你一样，继续阅读下一页的清单，看看哪些想法适合你，然后承诺每天至少尝试做一件只属于你自己的事情。

- ✓ 光脚在花园里走走。
- ✓ 和忠实的狗狗玩玩扔球。
- ✓ 给知己打个电话。
- ✓ 每天喝足量的水（信不信由你，这也算是自我关怀）。
- ✓ 去健身房或穿上跑鞋去户外跑步。
- ✓ 去山上远足，深呼吸，让新鲜空气充满你的肺部。
- ✓ 找个安静的角落，大声哭出来（从神经学的角度来看，哭泣有治愈作用，绝对算是自我关怀的表现）。
- ✓ 享受烛光泡泡浴。
- ✓ 阅读那本放在床头几个月的书。
- ✓ 尝试弹跳运动（比如小型蹦床运动——我每天会靠它来维持情绪稳定）。
- ✓ 和伴侣或者自己出去吃一顿不带孩子的晚餐。
- ✓ 呼吸！这很简单，你只需静静地坐下，将所有的电子设备或干扰物移开。深呼吸五次。这是一个简单而滋养内在的练习，虽然呼吸练习的作用经常被忽视，但它具有治愈作用，并会给你带来许多好处。

"但我感到很内疚！"

当我开始因为抽出时间来爱自己而感到内疚时，我会问自己："我什么时候是最好的自己？"

成为最好的自己使我能够成为孩子们最好的父母。对我来说，这意味着每天的弹跳运动，在办公室花园里静静享受一杯茶，以及撰写博客和书籍。这是我"回馈"自己的方式,这样我与孩子们在一起时能够(尽可能)保持与他们情感需求的共鸣。

无论对你来说滋养内在的方法是什么,每天都去做那件事,并且持续一个星期。

当我在养育课程上问家长们,他们每天抽出短短十分钟的时间来进行自我关怀后,一周下来的感受如何时,他们通常的回答是:"我和孩子们的关系好了许多,我不再那么急躁了。"或者:"甚至我和伴侣的关系也有所改善。"

这是因为我们周围的所有人都受益于我们为自己投入的时间、关怀和爱。作为父母,你就像是一个燃料箱——你的家人一直在从中汲取能量。如果你不给自己充电,不仅无法有效地照顾孩子、满足他们的情感需求并与他们保持共鸣,而且你很可能会变得混乱失序,并把与周围人的关系搞得一团糟。请记住,为了建立心理弹性,我们需要与他人最大程度的联结。

如果为自己留出时间的想法让你觉得很自私(我们说的"为自己留出时间"不只是躲开孩子 15 分钟,锁上浴室门来享受一块巧克力),请记住,自我关怀是你可以为家庭中的每个人做的最善良和最重要的事情。

 你最近为自己做了什么?或者更准确地说,你最近为自己做了什么可以帮助你更好地出现在孩子面前,并与他们保持共鸣?当我这样问时,这个问题的重要性有所改变,不是吗?

这里有一个为期一周的挑战,请你承诺完成它,为你自己,也为了你的孩子们。

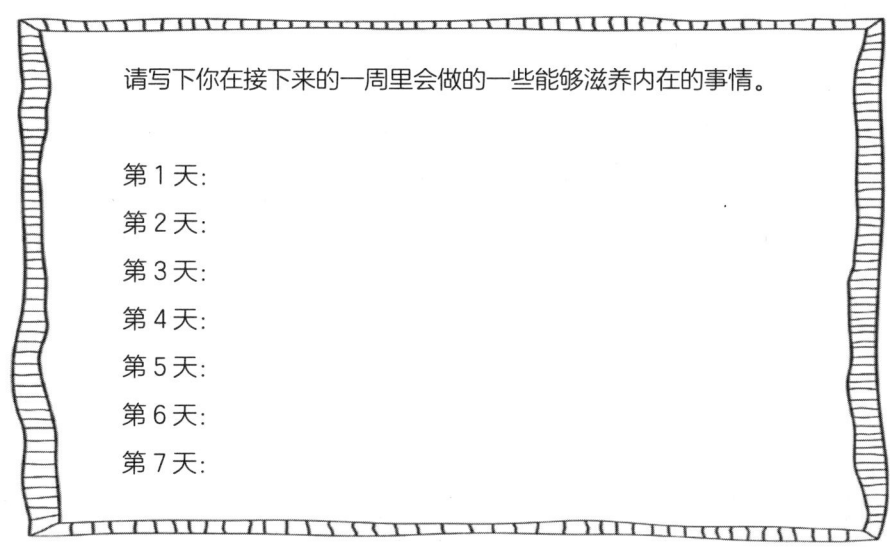

请写下你在接下来的一周里会做的一些能够滋养内在的事情。

第1天：

第2天：

第3天：

第4天：

第5天：

第6天：

第7天：

一个星期后，请问自己以下两个问题（这绝对是一个茧思时刻）：

 我感觉如何？

这对我的家庭有什么积极的影响吗？

如果你需要额外的推动力来做这些事，希望了解一些关于养育时自我关怀和减少压力是多么重要的"硬核"证据，那么我来分享一下由美国家庭与工作研究所的艾伦·加林斯基完成的一项研究结果。该科研机构专注于家庭和工作环境的研究。她对1000名儿童进行了调查，问他们："如果你可以为你的父母许一个愿望，会是什么？"

你猜他们的答案是什么？孩子们的头号愿望是希望他们的父母能少些疲倦和压力。你从中得到的启示是什么？多睡觉，并把减少压力作为你日常生活中不可或缺的一部分吧。

如果我们不照顾好自己，把自我关怀放在优先事项里的最高位置，就不能指望抚养出心理弹性强的孩子。从神经学的角度来看，要想具有弹性，我们需要实践自我关怀。一旦我们开始忽视对自己的照顾（我指的不是每天的淋浴和刷牙！），就容易变得更易怒，并且对压力的承受能力会减弱，最终成为一个"不那么友善"的人。所以，这一切的改变必须从我们自己开始。

认真对待睡眠

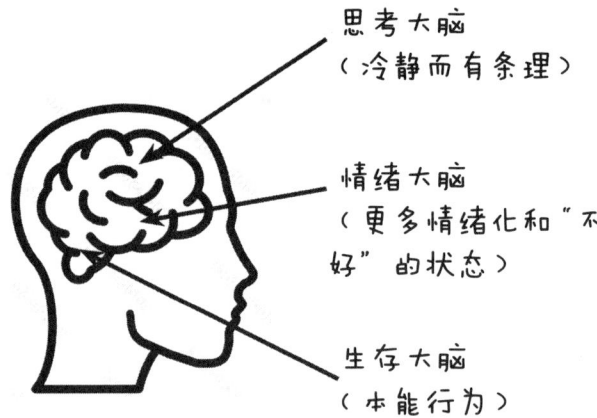

我坚信良好的养育基础之一是获得高质量的睡眠。充足的睡眠是保证健康的基础——这是一个常识，但养育和睡眠为何密切相关呢？

当没有获得高质量的睡眠时，我们的大脑会发生很多变化，陷入功能的"边缘状态"（失调、"不好"、更情绪化）的可能性增加。在边缘状态中，我们最终会像是在悬崖之间走钢丝，随时可能坠入深渊。

毋庸置疑，当我们缺乏睡眠时，状态肯定不佳，甚至失调，我们会变得更易怒、烦躁、耐心不足、情绪波动，也无法理性地回应孩子们的需求。

所以，你能为自己和所爱的人做的最好的事情之一，就是认识并戒掉那些偷走你睡眠时间的事情（比如狂热地追剧或毫无目的地刷手机），努力用宝贵的、有恢复作用的睡眠来填满这些丢失的时间。把手机放到远离床边的地方，当你无法重新入睡时，读一些轻松的书。阅读书籍比盯着屏幕更有助于入睡（屏幕的蓝光会减少褪黑素的分泌，而褪黑素能够调节作息，改善睡眠）。

多久的睡眠是足够的呢？

这里有一个大致的指南，不仅适用于你的孩子，也适用于你！合适的睡眠时间可以确保家庭中的每个人都保持良好的状态。

1~2 岁	每天 11~14 小时，加上午睡
3~5 岁	每天 10~13 小时，加上午睡
6~12 岁	每天 9~12 小时
13~18 岁	每天 8~10 小时
成人	每天 7 小时以上

 提示：失调导致我们在人际关系中失去联结。为了建立心理弹性，我们的目标始终是联结。（我在整本书中反复强调这句话，因为它真的非常重要！）

自爱是照顾自己的第一步，只有照顾好自己，你才能照顾别人。如果你回想一下最近几次失控或与孩子发生冲突的情况，为了保持冷静，你需要处于自我调节*良好的状态。但在缺乏自爱和自我关怀的情况下，你会更频繁地被点爆。这是肯定的！如果你不好好照顾自己，调整自己就是一项艰巨的任务。

 提示：不仅是孩子们会遇到失调问题，许多成年人也会如此。

---

*"自我调节和"和"失调"的意思究竟是什么？

有一个错误的假设认为，"自我调节"意味着保持平静，但它的范围要比这更广。自我调节意味着某种情况发生时我们能控制自己的身体反应和情绪状态。"控制"是个关键词。你可以因为环境中发生了令人难以置信的事情而非常兴奋，但仍然可以控制自己的情绪，也就是你仍然"可控"。

"失调"的意思是，无论出于何种原因，我们无法控制情绪反应，而且我们的能量水平与环境中发生的事情不相适应。"失调"状态的关键词是"失控"，这是一种让任何人都会感到无力的状态。

特质 3

会正确呼吸

当我说"呼吸"的时候,指的绝对不是我们不自觉地进行的正常呼吸!

作为准妈妈,无论你是准备自然分娩还是剖宫产,无论你是否参加过任何产前课程,都会被教导在宝宝即将到来时如何呼吸,以减轻他们出生时带来的疼痛。但没有人告诉我们,在孩子出生后的 18 年、20 年、30 年、40 年……实际上,从孩子出生的那一刻起,我们作为父母最重要的技能之一就是呼吸!

呼吸是一项至关重要的生活技能，它教会我们如何快速地自我调节并立即冷静下来。我们每天无意识进行的呼吸（每天大约 22 000 次）在自我调节时并没有太大帮助。当我们由于某些原因触发紧张、慌乱等情绪或心率加快时，呼吸频率会增加。这时我们需要放慢呼吸节奏，以保持良好可控的状态。

如果我们不能（有意识地）正常呼吸，就无法恰当地养育孩子。为什么呢？因为在养育中，挑战随时都可能发生——我们的孩子会设下种种关卡来考验我们。如果不能深呼吸，你会开始感觉到压力变大，并且逐渐失调。这点对孩子和父母来说都是这样。一旦情绪的火山开始冒泡，就容易喷发到周围的每个人身上，最后搞得一团糟。

一旦我们的压力激素被激活（孩子的行为经常会触发这样的情况），有意识地呼吸是让我们的身体快速恢复到稳态最有效的方式，这样我们才能做出正确回应而不只是做出反应，联结而不是断开联结。这本是我们能立即使用的最自然的方法，然而在失调的时候，我们正处于情绪崩溃的时刻，这却成为最难做到的事情之一。在那一刻，我们满脑子都是："哇！心率加快！呼吸急促！完全慌乱！"

当我们更多地了解在压力状态下会发生什么时，就更有力量做出改变，也更能对自己和他人怀有同情心。以下是一些神经学相关信息，希望能帮助你理解呼吸对你和孩子活下去、保持理智以及优化你们之间的关系有多重要。

深入了解大脑

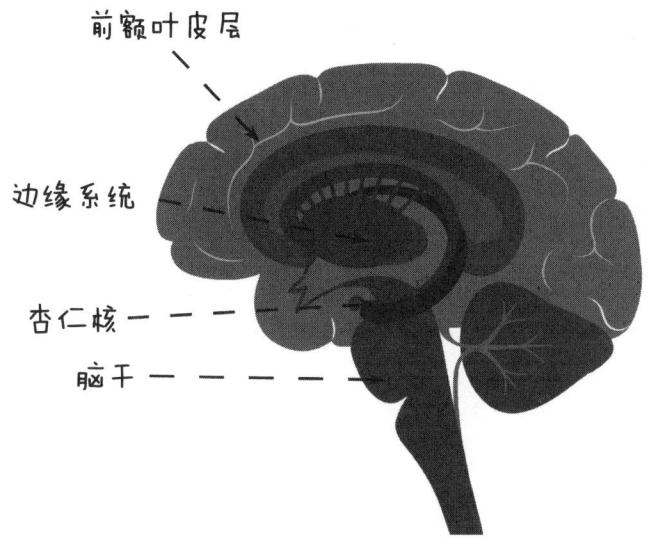

在我们感到压力时,传导到人体和大脑中的过程非常复杂,以下我会分享一个简化版本。

当我们通过身体感官接收到一个压力信号时,它会通过丘脑传输到杏仁核(我喜欢称呼大脑的这一部分为"恐慌按钮中心")。大脑随后进入全面的生存模式,释放肾上腺素、去甲肾上腺素和皮质醇等神经递质。这些物质会涌入体内,引发一系列引人注目的反应。

首先,我们的交感神经系统被触发。如果你听说过"战斗或逃跑反应"*,那么此时你就处于这种状态。你会感觉到热情高涨、充满力量,准备好行动,要么是进攻,要么是一溜烟逃跑。

---

*战斗或逃跑反应:1929年美国心理学家怀特·坎农提出,指人的机体经历压力后引发的一种应激反应,使躯体做好防御、挣扎或逃跑的准备。——译者注

为了确保你的生存能力，血液离开了所有不被立即需要的身体部位，如口腔和消化系统。这就是为什么在有压力时，你经常会感到口干舌燥，嘴巴发黏，同时胃部不适。大部分血液迅速流向了战斗或逃跑模式所需要的大肌肉群。

此时，大脑的功能开始专注于一个目标：保命。为了有尽可能高的生存概率，大脑会切断用来"思考"的部分——即前额叶皮层*。它为什么要这样做呢？举例来说，如果你正在被一只狮子追赶，但你停下来思考该怎么办——比如，如果你停下来评估应该爬哪棵树，那么你很可能会成为狮子的午餐。

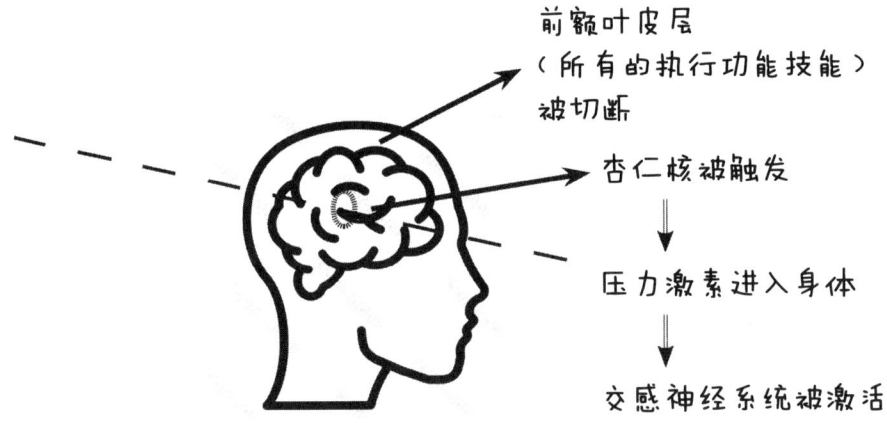

这并不意味着此时你的脑海中没有任何思维活动，你只是在无意识中为了让心脏继续跳动而在"做"着。不仅是被狮子追逐或其他真正威胁生命的事件会让大脑和身体进入这种神经系统失调的状态，每当大

---

*前额叶皮层：这个位于大脑前叶的区域管理执行功能，如规划、推理、解决问题、冲动控制、决策和工作记忆。它还负责人格形成，调节社会行为，控制某些语言功能。

脑检测到可能会让我们感到不安全的事物，那个"恐慌按钮"也会被激活。如果你没有意识到这个按钮被按下并且"红雾"开始升起，那么很可能会发生一场史诗级的恐慌大爆发。

我们可能没有意识到，但在生活中，很多情景都可能会在我们的大脑中引发与生命威胁情况相同的压力反应，包括：

- 你被困在交通堵塞中
- 你的电脑崩溃了
- 你在去接孩子参加体育活动 / 去学校 / 去托儿所时迟到了
- 你把米饭 / 烤肉 / 土豆烧焦了
- 你的老板发了一封邮件给你，要求你马上提供一份紧急报告
- 狗把泥巴弄得整个房间到处都是
- 你的孩子跑遍了整个房子，把泥巴弄得到处都是
- 你的孩子翻了个白眼，砰的一声关上卧室门，并摆出一副我行我素的样子
- 你的孩子把意大利面扔在地上，拽猫的尾巴，扔超市货架上的罐头
- 你的孩子超过了宵禁时间才回来，对你说脏话，说他们恨你，并且断然拒绝为了考试而复习

有些诱因在你看来可能微不足道，但由于每个人的神经系统不同，一个在你看来无关紧要的事件，可能会在别人那里引发极度的不安。

例如，孩子的哭声对许多人来说是一个巨大的压力源，研究表明它会引发照护者一系列的生理反应，使得他们在本该需要尽可能保持冷静的情况下变得不安。然而，通过练习，我们可以阻断这种自动反应，

从而使事情的结果对每个人都更好。

孩子们也有属于自己的触发因素。一些你可能不觉得有压力的事情，却会使他们的神经系统完全失调，让他们的大脑相信自己处于不安全的状态，需要不惜一切代价保护自己。这一系列的反应都在大脑中无意识且自动地发生。当然，对于一个成熟且发育良好的大脑来说，在冷静和理性的状态下，无法用勺子吃意大利面、不喜欢晚餐的茶、被父母唠叨两句或者上学迟到很明显并不需要我们的身体进入生死攸关的生存模式。然而，只要我们被这些诱因刺激到，大脑就可能无法分辨真实地感知到的威胁。

一个交感神经系统被激活的孩子，可能会表现出崩溃、发脾气、过度活跃和过度胡闹的行为。这不是孩子顽皮，而是身体和大脑失去联结的迹象，是神经系统失调以及一个小人儿感到不安全的表现。而对于一个感到不安全的失调的青少年来说，他的行为可能包括过度哭泣、无故愤怒、对自己或他人的身体攻击、心境像过山车一般急剧变化以及极高的焦虑水平。

正因为如此，了解是什么触发了我们的过度反应至关重要。我们会被触发（尤其是在没有进行自我关怀和"心理疗愈工作"*的情况下），孩子是其中一个常见的因素。尽管很有诱惑力，但在这些时刻对孩子大喊大叫是没有意义的，因为你们都会处于警报和失调的状态，你的大脑和身体会齐声尖叫："我感到不安全！"

在生存系统中，对于孩子们来说，反击或逃跑通常不可行，因为他们的体型和力量较小。所以孩子们经常会进入另一种状态，那就是冻

---

*"心理疗愈工作"指的是我们进行的自我反思和疗愈内心的工作。

结、昏厥或讨好。这种状态可以通过多层迷走神经理论来解释，该理论由史蒂芬·波尔吉斯于1994年提出，他曾是伊利诺伊大学芝加哥分校脑体中心的主任。多层迷走神经理论革新了我们对大脑在压力和创伤时期所处状态的理解。了解生存系统的这一层次是非常重要的，因为它很容易被误解和忽视。

当大脑感知到处于"战斗或逃跑"模式仍然使身体完全无助和失去力量，无法在当前的情况下生存时，它就会进入冻结、昏厥或讨好的状态。在这种完全不知所措的状态下，大脑中迷走神经的腹侧支被刺激。这种刺激导致身体无法动弹，孩子可能会变得呆滞、僵硬或晕倒。这是大脑为保持我们生存的最后努力。需要注意的是，这种状态经常被误解为是完全顺从的表现，实际上它表达的是孩子已经完全不知所措了。在儿童和青少年中，它可能表现为：

- 试图取悦对方以避免冲突
- 在家庭中保持沉默并"低调行事"，尤其是在有家庭纠纷或虐待的情况下
- 耷拉着的肩膀
- 退缩
- 害羞

在任何神经系统失调的状态下，为了找回平静感和安全感（这意味着你能够展现出最好的养育者状态，让你的孩子保持满足、容易相处，而不会让你心烦意乱），我们需要激活副交感神经系统中的社交互动状态。这是美好发生的地方，也是腹侧迷走神经支持连接和互动的区域。在这种状态下，我们感到安全和联结，并且这种状态也是促进创造力、

好奇心、沟通、学习和健康关系的理想条件。当这些发生时，心理弹性正在被建立。

吸口呼

现在你可能已经了解到有意识地呼吸的重要性了。现代社会生活节奏如此之快，人生之旅就像是"打了鸡血"的仓鼠跑轮，我们大多数人每天都会感受到各种不同的压力状态，正因如此，有意识地呼吸（深呼吸，让我们恢复控制的呼吸）是保持理智的方法！

以下是三种我教给来访者和我的孩子如何呼吸的方法，它们快速简便，我自己也在使用（特别是当我被困在交通堵塞中时）。请把这些写在便利贴上，然后贴在冰箱上，这样，当你在生活和养育过程中遇到真正具有挑战性的时刻时，它们可以方便地提醒你。

"吸管呼吸法"

想象你再次成为一个孩子（有时候离开"成年人状态"也是很好的，所以请尽量抽出时间与你内心的小孩联结），你在一家最喜欢的餐厅，面前有一份巨大的奶昔，而且是你最爱的口味。通过鼻子做一个两秒的吸气，然后用含着吸管的嘴唇慢慢往奶昔中吹出长长的气泡，心中默数四秒。这个方法的诀窍是你需要保证呼气的时间是吸气时间的两倍（根据我个人的感觉，我通常使用2：4或者4：8的比例，取决于我感觉到了多大的压力）。在对任何刺激到你的情况做出反应之前，试试使用这种呼吸方法至少四次。

积极调节的技巧：

开始通过观察身体给你发送的迹象来留意你何时感到有点紧张。你的心率是否增加？你的脸颊是否感到有些潮红？你是否感到有些发热，甚至觉得自己在膨胀？你的眼睛是否被一层红雾笼罩？所有这些都是你的体温正在升高的迹象，这时你需要快速跑向冰箱，找到那张可靠的便利贴提示（反正你也到那里了，也许可以把脸放进冰箱里降降温）。

"盒子呼吸法"

我也称之为"四方呼吸法"，这是一个强大的工具。我曾在一个有几百人的礼堂里做关于儿童焦虑的演讲时，演示了这个方法，到最后，偌大的礼堂里安静得连针掉下来的声音都能听到。这完美地展示了这个练习多么能够令人平静且帮助我们调节自己。

想象一个正方形。你能在脑海中看到这个正方形后，请按照下面的说明进行四次练习（看着图片尝试一下）：

1. 通过鼻子深吸一口气，数四秒。
2. 屏气，数四秒。（保持部分非常重要，通常我们会跳过。不要跳过！保持！）
3. 缓慢地呼气，数四秒。
4. 再次屏气，数四秒。
5. 重复这四个步骤四次。

描绘正方形的边线会帮助你完成这个练习，你可以随时随地使用这个方法，并教给你的孩子。每个家庭里的每个人都需要练习一些自我调节技巧！

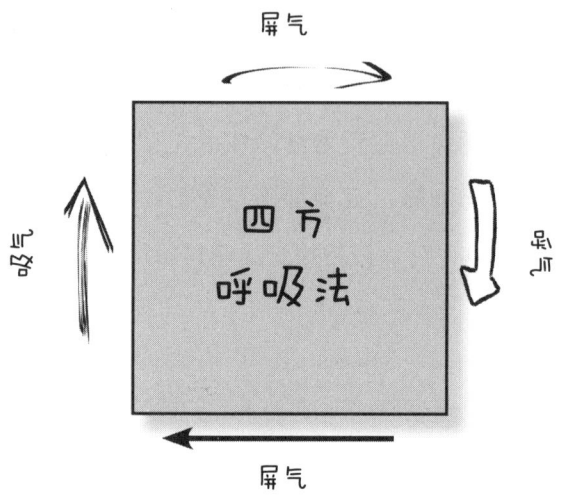

˝手指呼吸法˝

这是一个很好的技巧，可以教给你年幼的孩子，或者在你快要在餐桌上发火时自己使用。

按照以下指示操作（如果你在餐桌旁，请把双手放在桌子下面）：

1. 张开一只手的手指。
2. 用另一只手的食指放在大拇指的底部。
3. 从你伸开的手的外侧边缘开始，用食指逐个描摹手指的轮廓。
4. 当你的食指沿着大拇指向上移动时，慢慢深呼吸。
5. 当你到达大拇指的顶部时，开始呼气。
6. 在大拇指的内侧底部重新开始吸气，同时沿着食指向上描。
7. 继续追踪手指的轮廓。吸气……呼气……吸气……呼气……

当你追踪到小指指尖时，你应该会感到自己更加可控、平静，并且已经准备好处理餐桌上发生的任何事情。

回到原点

在你进行整个"自我调节"练习时，会有很多次失败，这是非常正常的，因为犯错乃人之常情（我专门致力于放大我们这种可能会犯错的人类特性，以促进我与孩子的联结），但好消息是，熟能生巧。你练习得越多，在那些紧张时刻就会更容易记住这些技巧。

每当我们练习新技能时（包括养育），帮助我们自动记住这些技能的大脑神经连接就会变得更加坚固一点。

但无论神经连接多么强大，你仍然会受到正常人类对压力反应的影响。好消息是，地球上没有任何一个人能够始终保持100%的可控状态，所以把那种养育上的愧疚感抛掉吧。

还有一点要记住，那就是积极地练习呼吸，开始你可能会感觉有些奇怪，但这确实能够帮助我们。"积极地练习呼吸"的意思不仅仅是在令人怒火冲天的时候，才想着该怎么做以及如何做，而是要在平静时多多练习。当你在做园艺时、驾驶时（如果你不会路怒）、遛狗时、洗碗时、喝茶或享受你最喜欢的零食时，都可以练习这些呼吸技巧。大脑神经连接越强大，我们就越容易记得在那些紧张时刻使用这些技巧。这样才能避免出现过激反应，也避免联结断裂。

> 你的目标是在一天中尽可能创造更多的联结时刻。如果这些呼吸练习能帮助你做到这一点，那么你就是在做对的事情。并且通过这样做，你也正在帮助你的孩子建立他们的心理弹性。

特质 4

勇于直视养育之镜

你是否曾经想过，为什么当你的生活一团糟的时候，孩子们越会表现得态度恶劣，甚至完全失控？

可能是因为热水器坏了，打印机卡纸了，你的老板在下班前5分钟叫你进办公室，并要求你在3小时内完成一份"紧急"分析报告，你还得带猫去看兽医，因为猫吞了毛球，你的重点客户正在考虑与另一家服务提供商或供应商签约……这只是一个普通的疯狂的一天，你遭遇了以上任何一个，或者更倒霉的，你遭遇了以上所有的糟心事。

更可怕的是，在这样的日子里，你越会发现孩子们的一些"不正常"的行为，这只会愈加让你感到崩溃，并在内心咆哮："为什么你们偏偏选择在今天表现得像个野孩子一样？"

而答案并不是我们想知道或想听到的，请做好心理准备吧。

这是因为孩子们在模仿我们的状态。

作为父母，我必须学会的一件既强大又困难的事情就是，当我的孩子们表现得很糟糕时，我需要深吸一口气，对自己发出灵魂拷问："此刻我内心发生了什么，可能正在影响、导致或引发眼前的情况？"

这段反思之旅并不容易，但却是必不可少的。当孩子表现出你不理解的行为，或者不友善、闷闷不乐、爱发牢骚，以及其他任何被归类为"难以对付"的行为时，你第一个要审视的就是你的养育之镜。

太多父母害怕站在那个所谓的养育镜子前，问自己："我内心发生了什么？"这需要勇气，但当我们能够这样做时，我们就不太可能对孩子们的行为做出应激反应，而更可能以一种保持联结的方式做出回应（是的，又来了，这个非常重要的词儿——联结）。

孩子的行为可能由许多我们无法详细讨论的问题引起，但这是一本关于你和你能做些什么的书，所以请让我们专注于真正能赋予你力量的内容。

从神经学的角度来看，孩子正在吸收周围的一切——你所有的非语言信号、你的压力水平、你的语气、你的肢体语言、那些响亮而沉重的叹息。我们的孩子就像小海绵一样，正在吸收所有这些。这会导致他们的感官系统高度亢奋，而且如果我们表现出任何不正常的迹象，他们也会失调。

对我来说，工作是经常触发我失调的重要因素之一。当我感到压力很大，有截止日期临近，或者需要准备演讲的内容时，孩子们那些平常看起来正常的、适当的，其实是符合他们发展阶段的行为有时会让我觉得难以应对，不是因为这些行为本身有问题，而是因为我此刻因与孩子完全无关的原因而处于失调状态。

我问过的大多数父母都给出了几乎一致的回答："我的触发点是工作。"

 茧思时刻：你在什么情况下会被触发且更容易对孩子的行为做出应激反应？

我记得不久前，那一周我需要独自带娃，育儿负担自然加重，当只有一半的家庭劳动力在场时，事情总会有些混乱。当时我安排在晚上做一个线上演讲，可是，停电*了。不止于此，那天似乎没有一件事情是顺利的。

在演讲开始前 20 分钟的时候，我还在改我的 PPT。孩子们正在外面玩耍，我让他们快点收拾好回来，这样我就可以给他们准备晚餐并让他们去睡觉了。他们却充耳不闻，还在悠闲地享受快乐甜蜜的时光，毕竟马上要进行演讲的又不是他们。

我感到有些烦躁，便跺着脚走到外面，把他们赶进了屋里。当我们走进屋内时，女儿对我说："妈妈，我觉得你现在应该去蹦床上蹦一蹦，这样你会快乐一点！"我不得不笑了笑——就连她也知道自我关怀是至关重要的。

我们对孩子的反应取决于我们的情绪状态，而不是他们在做什么或者没做什么。（讽刺的是，要不是我那天早上的确进行了蹦床运动，也的确感到了放松，我搞不好会觉得女儿是在嘲讽我而为此更加烦躁。）

当我感受到压力大时，我知道绝对不可能完全与孩子们以及他们的需求保持一致。处于这种状态时，没人能完全投入孩子身上。每当我开始觉得要因为孩子的行为失去耐心时，我会在自己作出反应之前停下来，拿出那面养育镜子，和自己的内心对话，告诉自己此时孩子可能只是在做正常该做的事。我现在的状态与他们的行为无关，是工作的压力在触发我，而不是孩子们。

如果我不这样做，我将会（不公平地）把情绪发泄在孩子们身上。

---

*停电：南非电力供应的频繁计划性"暂停"，持续约两到六小时，旨在减轻国家电力发电压力。

当我进行自我反省时，我能够告诉自己停下来，深呼吸，并提醒自己这是关于我和我的压力。与其大发脾气，不如用平静而有分寸的语气要求孩子们停止这种行为，或去别的地方玩儿。（通常情况下，他们引起我愤怒的行为其实只是符合他们成长阶段的正常行为，而失调状态下的我却无法处理这些行为。要求他们暂时离开我的视线，去别的地方玩儿往往是最好的选择。）

观照自己的内心

我不认为有人能够完全地疗愈自己，这是一段可能持续一生的旅程。我们一直在这条路上前行，所有人都在不断学习。一直在自我疗愈的父母才能养育完整的没有缺失的孩子。所以，始终关注自己的内心吧，别停。

打破循环

从第一次抱起新生儿，注视着他们那双美丽的眼睛时，我们发誓绝不会对他们做那些父母曾对我们做的事情，绝不会像父母养育我们那样养育孩子。尽管如此，我们却常常在无意识中陷入父母留下的模式，在某个育儿的瞬间，我们突然意识到自己正在重复父母对我们做过的事情，而这正是我们下决心要摆脱的。此时，我们常常意识到一些难以接受的事实，关于自己、关于养育、关于我们的父母。

现实是，如果不积极踏上自我疗愈的旅程，弄清楚我们继承的情绪"垃圾"到底是什么，以及需要在自己内心改变和调整的是什么，我们只会继续把那袋垃圾传递下去。即使我们的本意并非如此，这也会成为我们的固有模式和默认状态。从小开始，我们的神经系统就被设定为重复那些被示范给我们的模式，而我们将以被养育的方式来养育自己的孩子。

这并非我们有意为之，而是超出我们控制的根深蒂固的行为。好消息是，只要我们承认需要改变的地方，就已经迈出了实现改变的第一步。

从孩子们出生的那一刻起，你的每一个言行举止都在塑造孩子的大脑。你是谁决定了孩子的大脑如何被你每天的行为所影响。

为了给孩子们提供更美好的未来，我们必须观照自己的内心，改变我们的思维模式。这需要大量的自我反省和艰难的自我对话，但相信我，能够看着孩子并对自己说"我已经让你们摆脱了代际创伤的循环"是最美好的体验。我们可以通过观照自己来打破这些循环，给孩子们带来自由。

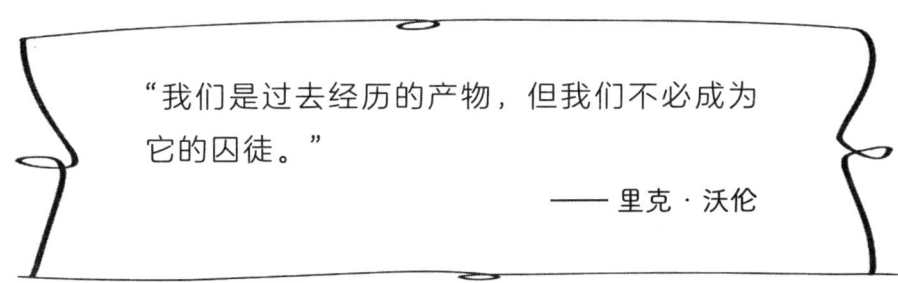

"我们是过去经历的产物，但我们不必成为它的囚徒。"

——里克·沃伦

你会如何描述自己？

聆听你内心的声音，并在下面的框中写一段文字。

写下你作为一个人、父母、伴侣以及员工或老板时喜欢自己的优点。

写下你希望改变自己的方面——那些你不喜欢的部分，也许是你尝试隐藏的部分。

写下你在一天中的思考、关于对自己和自己能力的看法。你是对自己过于苛刻，还是能够对自己保持同情和宽容？

_____
_____
_____
_____
_____
_____
_____
_____
_____
_____
_____
_____
_____
_____
_____
_____
_____
_____

 茧思时刻：你写下的内容中，有多少是积极的？

这个练习旨在帮助你重新审视你如何与自己对话，并认识到你内心声音的力量。我们内心的声音决定了我们成为什么样的人，同时，我们也不能期望孩子成为我们无法成为的样子。如果我们无法做到积极看待自己，那么也不能期望孩子对自己有积极的看法。我们的孩子是镜子和海绵，他们观察、吸收、并反映我们的一切。我们希望孩子成为什么样的人，自己首先就要努力成为他；我们希望孩子对自己抱有同情和善意，就要首先努力善待自己。如果我们内心的声音与我们对孩子的期望不一致，那么我们需要从这里开始做出改变。

我经常想起一些我曾经接触过的患有饮食失调的青少年，他们对我说过这样的话："我记得妈妈看着镜子里的自己时，会感叹穿牛仔裤时臀部如何难看，或者对自己的外貌有多么不满意。"或者"当我妈妈看到一位女士从我们的车前走过，说'看看她把自己弄成什么样子了'时，我感到非常受伤。如果她能这样评判别人，我知道她也会评判我。"

妈妈看待和对待自己的方式教会了男孩们日后如何对待生命中的女性。而爸爸对待妈妈的方式，也教会了男孩如何对待他们未来的配偶。爸爸与儿女的关系同样会在孩子们如何对待别人和被别人对待方面产生重要的影响。

作为父母，我们往往会贬低自己和周围的人。

 茧思时刻： 我们的孩子在观察并学习我们所做的一切，无论是积极的还是消极的、肯定的还是批评的、赞美的还是侮辱的。

觉知的力量

如果这一切让你感到压力过大、信息量过多且难以消化,那么请记住一点:觉知会改变一切。仅仅通过阅读这本书所获得的觉知就会让你感到充满力量,我希望这能帮助你意识到,最微小的觉知也能带来最大的改变。

改变的第一步并不是坐下来规划如何去做。生活中任何一点改变,无论是关系、工作,还是其他方面,第一步就是承认需要改变的地方。

如果你发现自己有时"失控",无法保持可控的状态,不要对自己太苛刻。不要用"失败"这样的词语责备自己。对自己多一些同情,善待自己,记住我们都在不断地学习和疗愈。温柔地提醒自己,意识到问题的存在正是我们改变它的方式。

我们不需要神奇的工具,也不需要运气,只需要承认问题。通过承认和积极反思,我们就能改变思维模式。这时,你的茧思时刻就非常有用了!

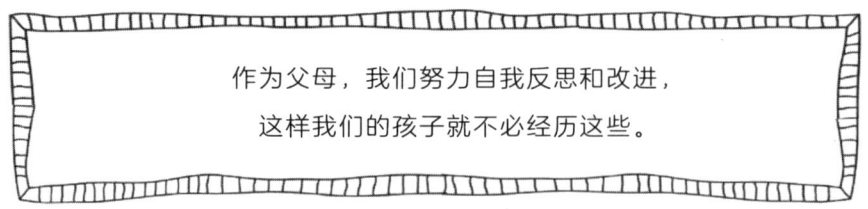

作为父母,我们努力自我反思和改进,这样我们的孩子就不必经历这些。

这并不一定意味着每周去看心理医生。我们只需简单地承认我们希望为孩子们做出不同的改变,并且希望用更好的方式抚养他们。正是这些茧思时刻(以及与之相伴的内省)鞭策我们在内心为孩子们做出有意识的改变。

迈过荆棘之路

许多人在父母身上找到了出色的榜样，这对他们的生活和成年后的发展产生了深远的影响。对于其他人（包括我自己），也许希望在自己身上下功夫，修正那些"不太美好"的童年的影响。如果我们不处理这些问题，它们可能为孩子们的抑郁和焦虑埋下了隐患。我知道，我们都希望尽可能让我们的孩子拥有一个没有这些问题的生活。

我和孩子们的父亲需要成为改变的力量，为孩子们创造改变。

这无疑是一项艰巨的工作，但我知道，通过简单的意识觉醒和不断的自我努力，这一切将成为可能，这令人倍感安慰。

了解这些意味着我们有能力为孩子们改变现状。每天看着我的孩子们，提醒自己我正在为他们打破循环。通过打破代际循环，给予他们最强大的力量。作为父母，我们有能力来改变世代相传的有害的、疏离的甚至虐待的养育方式，让这样的养育方式——

在我这里止步.

特质 5

经营好亲密关系

首先，如果你是单亲父亲／母亲，那么请允许我对你表示由衷的敬意：这是一项非常具有挑战性的任务。我能稍微体会到一点单亲妈妈的辛苦，因为我的丈夫大部分时间都在外地工作，但至少他大多数周末都在家，并尽可能地帮忙分担养育的责任。

如果你一直在独自育儿，那确实是一项无比艰苦的工作——无论是身体上、情绪上还是其他各个方面。我能看到并且肯定你的努力，你非常了不起，绝对有能力培养有心理弹性的孩子。我们首先要承认，家庭结构可以有很多种形式，而"家庭"意味着"归属感"，无论它在哪里，或者由多少人组成。

如果你处于长期伴侣关系中，请花点时间想象一下最常见的情况：这些新生命一旦进入我们的生活，就立即成为中心。他们是我们的太阳、月亮和所有星星，是我们"太阳系"的中心，我们（和我们的伴侣）不可避免地围绕着他们旋转。但在这个过程中，我们慢慢发现，和伴侣的关系常常越来越远，轨道距离越来越大。直到某一天的清晨我们醒来时，发现身边的这个人其实已经离我们很远，我们几乎不再认识他们了。我们甚至很难回忆起当初是如何爱上这个人，如何与他携手走过这些年的。这就像是"在洗衣机里的划水效应"*。

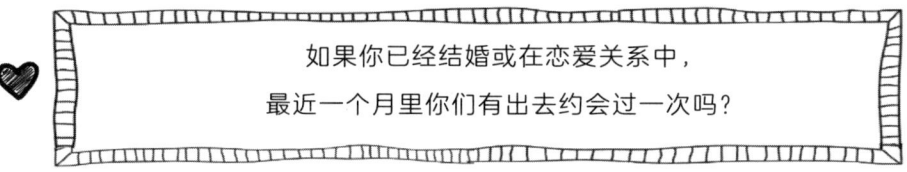

如果你已经结婚或在恋爱关系中，最近一个月里你们有出去约会过一次吗？

当我向父母们提出这个问题时，通常只有少数几个人会很犹豫地举手，有时甚至一个人都没有。

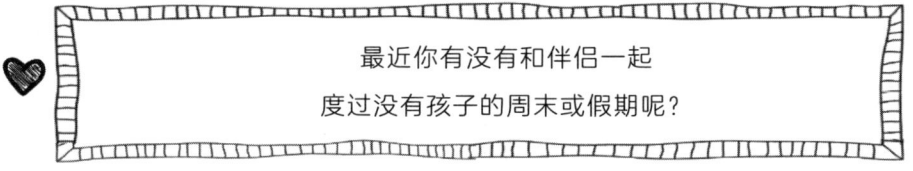

最近你有没有和伴侣一起度过没有孩子的周末或假期呢？

对于这个问题，我几乎从来没有看到有人举手。

我完全理解。

在日常生活的忙碌中，与伴侣独处的优质时光并不在我们的优先考虑范围，有很多其他待办事项排在约会和二人世界之上。而且，对许多没有额外家庭支持的父母来说，为了安排"情侣度假"去寻找可靠和信任的看护人是非常困难的。

＊在洗衣机里的划水效应：日常生活混乱且繁忙，我们拼命想让自己保持浮在水面上，就会感觉仿佛在洗衣机中被不停地旋转（上下颠倒、前后颠倒、挂满肥皂泡）。

在双亲家庭中，孩子的安全感、稳定感以及他们在这个世界上的自我认知很大程度上来自于我们与伴侣关系的稳定程度。让孩子看到你们作为一对情侣在相互连接、享受彼此的陪伴甚至一起快乐地度过时光是非常重要的。

你知道情侣周末通常会发生什么吗？头24小时，你和伴侣谈论的唯一话题就是——没错，就是孩子们！然后第二天醒来，你们开始聊天，聊着聊着你们开始记起"这就是我娶你（嫁你）的原因""我真的很喜欢你""你不仅仅是我孩子的母亲（父亲）"时，通常会有一种"觉醒"的感觉。

之所以会忘记这些感觉，是因为我们的身份往往完全围绕着一个角色——那就是父母。在这种情况下，我们的自我认知很容易被忽视，而孩子们需要那些知道自己是谁的父母，并且（在可能的情况下）能够体验到父母之间强大、紧密关系的好处。

在婚姻或长期关系中，失去联结是非常容易的。有些日子我们如此疲惫，以至于根本不想与另一半进行有意义的互动。而一旦孩子们上床睡觉，我们就直奔枕头或观看网飞的剧集。要重新与伴侣建立联结，需要下定决心、做出承诺、亲身实践，并且抱持着愿意成长的态度。

抽出时间来记住你与谁在一段婚姻或恋爱关系中，并有意识地努力重燃那份热情（或保持这种热情）。成为父母是世界上最大的荣誉，但为了孩子的心理健康，我们必须让他们看到你不仅是一个爸爸或妈妈，还在一段充满爱的关系中。这里有一些新奇的约会之夜的创意供你参考：

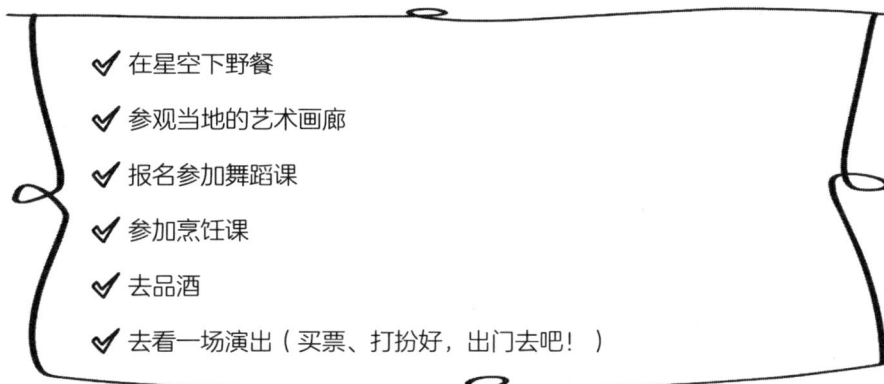

- 在星空下野餐
- 参观当地的艺术画廊
- 报名参加舞蹈课
- 参加烹饪课
- 去品酒
- 去看一场演出（买票、打扮好，出门去吧！）

当然，我也经常听到父母说："我们找不到保姆看孩子，怎么约会？"所以这里有一些可以在家中一起做的事情！或者发挥你的创意，自己想好玩的点子吧！

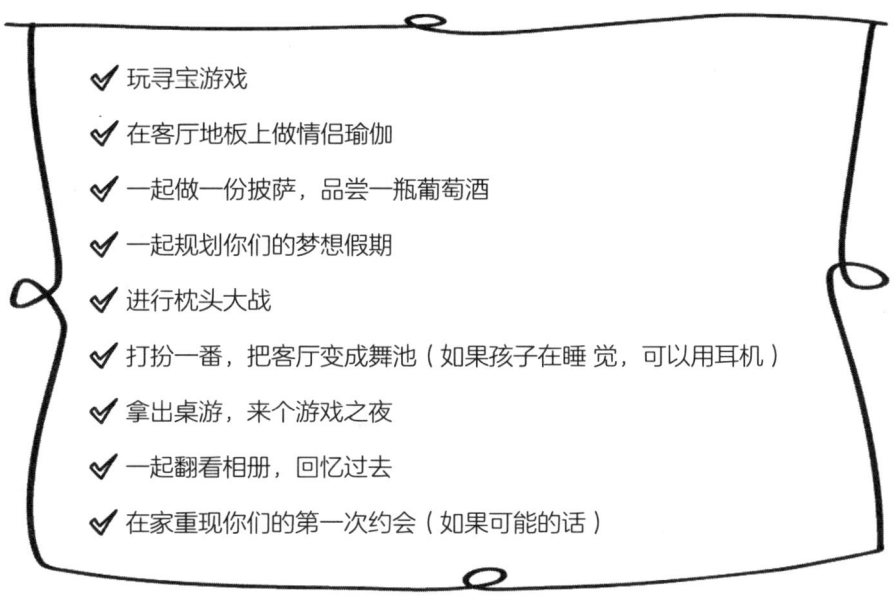

- 玩寻宝游戏
- 在客厅地板上做情侣瑜伽
- 一起做一份披萨，品尝一瓶葡萄酒
- 一起规划你们的梦想假期
- 进行枕头大战
- 打扮一番，把客厅变成舞池（如果孩子在睡觉，可以用耳机）
- 拿出桌游，来个游戏之夜
- 一起翻看相册，回忆过去
- 在家重现你们的第一次约会（如果可能的话）

希望这些建议能触发你脑海中或许已经盘旋了很久的冲动，当然，关键是要将冲动付诸实践。你与伴侣的联结将正面影响你们的孩子，他们在一个充满爱意的家庭系统中会更有归属感。

特质 6

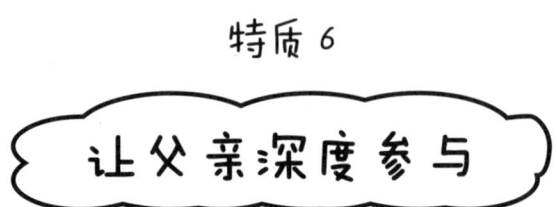
让父亲深度参与

如果你是一位父亲,愿意花时间阅读养育书籍就意味着你已经是一位积极参与育儿的父亲了。

这里还有一些证据证明你参与养育是正确的,研究告诉我们,在孩子成长的过程中,父亲的积极参与有利于孩子:

- ✓ 拥有更高的社交技能
- ✓ 表现出更多的自信
- ✓ 自我控制能力更强
- ✓ 在青少年期更少参与冒险行为
- ✓ 展现出更多的自律
- ✓ 在学校表现更好(没错,甚至这也会受影响!)

底线是,积极参与养育的父亲以无数种方式影响着孩子的生活,也影响着他们将来成长为什么样的人。尽管如此,我们的生活中仍然大量存在着这样的父亲:爸爸去工作,妈妈在家里做饭、打扫卫生、陪孩子做家庭作业，而爸爸在经历了一整天的工作后，疲惫不堪地回家，正好赶上跟已经吃完饭、洗完澡的孩子说晚安！

好在就我的观察，比如我的实践、我的讲座、我的育儿课程以及我关注的社交媒体上，这些年父亲角色的变化非常明显。很多父亲积极认识到参与孩子生活的必要性，并意识到他们的参与对孩子产生的巨大影响。最终，这种深度联结的关系使得父亲和孩子都能体验到快乐。

父亲的参与是我们开始改变这个世界的起点。孩子需要爸爸的关注，因为孩子的自我意识很大程度上来源于此。我们都知道妈妈的重要性，爸爸往往会将日常琐事留给妈妈处理。那些育儿中的小事，比如换尿布、送孩子去聚会、准备学校午餐、检查第二天的运动装备……他们往往没有注意到。然而，你知道我们与孩子的联结是如何建立的吗？正是在那些琐碎且可能没那么愉快的育儿时刻中。

对所有的妈妈来说，我们也需要认识到为什么父亲会缺席。很多时候我们自己就是"罪魁祸首"，是我们自己常常剥夺了爸爸们完成这些"日常"任务的机会，因为我们相信自己在某种程度上更擅长做这些事情。

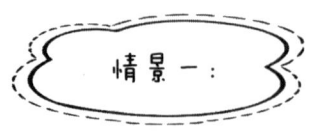
妈妈看到爸爸尝试换尿布时：
"不是，不是，不是这样！你完全搞错了。让我来吧。"

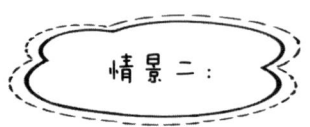
妈妈看着爸爸给孩子们洗澡时：
"他们的脸还脏着呢。看看他们脚上的泥巴！还是让我来吧！"

首先我要承认，当我儿子还是新生儿时，我的丈夫在为孩子换尿布和洗澡方面比我更有经验，我不得不站在后面学习。因为他有两个年幼的兄弟姐妹，他得以观察和学习如何"养育婴儿"。而我作为家中五个孩子中的最小一个，在这方面的经验稍微少一些。（我丈夫坚持让我加上这一点，虽然这是我家的真实情况，但我知道在大多数家庭中并不常见！）

因为我们觉得自己可以做得更好、更快，或者因为我们的孩子更喜欢我们做事的方式而去剥夺爸爸们做这些"日常"任务的机会，其实这也是在剥夺他们与孩子潜在的产生深刻联结的机会。

尿布穿反了也没关系。是的，可能会有一些漏尿，但从更长远的角度来看，这些时刻的联结和亲密感更为重要。而且，只需要一次"脏尿布事件"就能让爸爸们记住这个深刻的教训！孩子的头发没梳好乱糟糟的没有关系，澡没洗干净脚后跟上还挂着泥点子也没有关系。更重要的是孩子们知道爸爸在身边，在关心他们，在参与他们的生活。

对孩子们来说，这才是真正有价值的。

前些时候,我看到了一个让人非常难过的统计数据,大多数父亲每周与孩子真正的有效联结只有七分钟。我们的孩子理应从与父亲的相处中获得自我价值感和自尊感,而七分钟这么短的时间,显然对下一代的心理健康不是一个好兆头。

不仅仅是父亲缺少与孩子相处的时间,作为妈妈,我们也常常忙于各种生活琐事,真正空闲下来的时候又想拿起手机。如果我们停下来仔细思考真正的相处意味着什么,就会发现自己也好不到哪儿去。因为有效陪伴意味着放下一切(包括你的手机),停下生活的忙碌,专注于孩子。

我们需要进入孩子的世界,而不是期望他们先进入我们的世界,这样我们才能建立连接。有时我会在家庭咨询中问父母:"你会花时间和孩子们在一起吗?"回答往往是这样的:"我早上送他去上学要一个小时。"或者"他们跟我一起去打高尔夫或去健身房。"

这并不是在孩子们的世界里与他们产生"真正的连接",而是把他们带进我们的世界。尽管这些经历和回忆可能也是美好的,但对他们的生活更有价值的是,当我们走出自己的"成人世界",花时间真正去了解如何不求回报地融入他们,才能真正体验到与孩子产生深度连接的美好。而只有在那时,我们的孩子才会真正感受到被重视和被爱。

特质 7

设定清晰一致的边界

这是一个难题。

我们如此忙碌，想要在养育的问题上保持一致是一项挑战，尤其当我们结束一天的工作后感到精疲力竭的时候。但问题是，风暴越大（不可否认，在过去的几年里，世界经历了一些巨大的风暴），就越需要界限作为安全和保障。如果你今天设定了一个界限，明天它就会改变，或者当你太累而无法守住这个界限时，它就会改变，那么这种变化无疑会让你的孩子感到不安全。

让我们先来了解一下"界限"的基本含义。界限是所有家庭成员都需要学习和理解的一套价值观，它通向所有人的福祉。在我的咨询实践中，家长们最常希望得到的帮助之一就是明确界限。通常，当他们走出我的办公室或在线课程结束时，都会说："哦，我们其实早就知道这些，这很有道理。"大约一周后，我通常会接到电话，说家里的情况好多了。但一两个月后，我又会接到另一个电话："我们需要再来见你一次，老毛病又犯了。"

等他们再次来到我的办公室，往往在五分钟内，大多数家长会互相对视一眼,要么会心领神会地点点头,要么低声嘀咕一句"这是界限!"。他们其实并不需要再到我这里来,他们其实内心非常清楚真正需要的是什么,那就是回到以明确的价值观为基础的、每个家庭成员都清楚知道的育儿准则。

问题在于,当我们改变界限时,事情就会变得糟糕。这并不是因为孩子故意要调皮捣蛋,而是因为他们开始缺乏安全感,而没有安全感的孩子行为会开始失调。正如我之前所说,行为是一种信息,此时孩子们发出的讯号响亮且清晰:我没有安全感,我需要界限的一致性。

想象一下,你家里的大门锁不上了需要修理,而你收到通知,一伙入室抢劫犯正在附近活动。

作为成年人,此刻你有什么感觉?你能悠然地看一部好电影,喝一杯菊花茶,然后上床安然入睡吗?还是拿着武器(板球棒、高尔夫球杆或任何你能找到的东西)焦急地守在门边来保护家人?

不知道你的反应会是什么……你会等着……

界限就是这样。当我们的孩子不知道界限在哪里时,他们就没有足够的安全感来发展自尊,因为不确信在什么界限之内是安全的。

把孩子们扔到广阔的世界中,然后大喊"快跑!你会想出办法的!",并不能培养他们的独立性!当他们感到足够安全,可以离开我们成长时,独立性才会形成。而独立于照护者的能力,需要界限作为保障。孩子需要知道他们是安全的,可以专注于做一个孩子,可以随心地按照自己的方式成长,而不必担心篱笆墙外的世界会把他们打倒。

 界限越一致,我们的孩子就越快乐,越具备心理弹性。

也许你的孩子已经十几岁了，你觉得这条并不适用，因为已经早过了为孩子设立界限的阶段。

几年前，我见过一个刚从戒毒所出来的年轻人，我们就叫他彼得吧。我问他："彼得，如果回到过去，你的父母可以做一件事情来改变，你希望是什么？"

他回答道："我希望妈妈能经常说'不'。"

当然，我们可能需要容忍孩子们对我们翻白眼、摔门，甚至是说一些不中听的话，但从孩子的角度，设立界限的唯一解释就是"我的父母足够关心我"。

温和地说"不"

任何人在别人回答自己的请求时听到一个坚定的"不！"，都会立马启动大脑中的一个开关，火速进入防御模式，因为我们感到有点被冒犯了。孩子也是人，每当他们因为某种原因听到"不"这个字时，防御性的"红色警戒模式"也会启动！这并不意味着我们应该取消界限，总是对他们说"好"（这确实只会造成混乱，给我们的家庭带来灾难）。我们还有另一种选择，那就是可以说"是"，但仍然要遵守设定的界限。

以下是一些实际场景（在阅读这些场景时，请注意"不"这个字会在你内心引起什么反应）：

孩子:"我想要一块饼干。"或者"请给我一块饼干好吗?"

父母:"不行,我们半小时后就要吃饭了。"

结果: 孩子可能会反驳你,可能会翻白眼,可能会恼羞成怒,觉得你不理解他们对饼干的需求。

替代方案:"你绝对可以在晚饭后/明天放学回家后吃饼干。"

你看到我做了什么吗?我没有说"不",但我没有允许孩子在那一刻吃饼干,我在可以吃饼干的界限内说"可以"。

青少年:"我真的很想要个新的iPhone(苹果手机)。"

家长:"不可能!你知道那东西有多贵吗?"

替代方案:"等你攒够了钱,你就可以拥有新的iPhone(苹果手机)。"

即便你用了上面的方法,孩子也有可能不依不饶,但他们大脑中的求生本能不会被激发,你就有更多机会在家中保持和平与联结(我们一直追求的目标——联结)。

此外,"不要"这个词还有负面作用。

阅读下面的句子,然后闭上眼睛,想一想你在读这句话时想到了什么:

"别在房子里乱跑。"

你在脑海中看到了什么?

我敢打赌,你一定想到了自己或别人在屋子里跑来跑去的情景!当我们使用"不要"这个词时,实际上是在强化我们想要阻止的行为。

替代方法:用孩子的名字吸引他们的注意力,并用平静的声音强调你希望他们怎么做,如"弗兰基,我们在房间里好好地走"。

现在,我打赌你想象的是走路而不是奔跑。只是几个简单的词的变化,我们向孩子们传达的信息就发生了巨大的改变。

只要我们稍微改变一下措辞,最终就会强化完全相反的行为。

父母对正在争吵的孩子们说:"别对你的弟弟(妹妹)这么刻薄!"

而如果使用积极的强化方式,用平静而克制的声音说:

"梅格,在这个家里,我们要对彼此友善。"

再说一遍,你不可能看到孩子立即道歉并竞选年度最佳兄弟姐妹奖,但你正在以一种积极的方式强化你的家庭价值观。你不需要再说什么——就这样就行。这种提醒本身就是一种强有力的价值观界限,让孩子感到安全。

无论何时,只要你能在界限内说"是",就一定要去做,与其强化你不希望在家里看到的行为,不如抛弃"不要"这个词,改为你希望看到的行为。这些微小的变化会让你向孩子传达的信息大不相同。

做孩子的"刹车"

孩子的大脑一直在发育，一般到 20 多岁才基本发育完成。所以，他们的某些前额叶皮层的技能尚未发育成熟，有时需要我们起到刹车的作用。这并不意味着孩子喜欢我们设定的界限或限制，也不意味着他们不会质疑这些界限或限制。事实上，从发展的角度来看，他们提出质疑才是合适的。这时，你要做的是真正倾听他们的观点，并确保即使你可能不同意，他们也觉得你已经理解了他们。有时，在听完孩子们的观点后，我们可能会意识到自己设定的限制是不公平的。在这种时候，作为父母，我们要能够承认自己的错误，并愿意做出改变。

孩子学会设定健康界限和底线的主要途径，就是父母在他们年幼时为他们设定了这些界限和底线。而如何设定这些界限是非常有挑战性的，我们总是要回到价值观上来：孩子们的要求或行为是否符合我们的家庭价值观？经常聊聊这些，在吃饭的时候，在坐车的时候，把它变成你们日常对话的一部分。当孩子对家庭有一种根深蒂固的归属感时，当他们觉得自己的意见很重要并被倾听时，我们就会发现为他们设置界限要容易得多。

给青少年家长的额外提醒

如果您是青少年的家长，一定要记住孩子的大脑仍在发育，由于他们的神经线路正在进行大规模的"改造"，他们还不能在没有您指导的情况下，在任何时候下都做出负责任的决定。

你不会把跑车的钥匙交给一个年幼或只有 18 岁的孩子，然后告诉他："出去玩吧！"我们需要把自己当成他们的刹车。当他们学习换挡时，当他们学习在行动前暂停时，我们需要做这个离合器。当我们能够感同身受并始终如一地保持界限时，这一切就会发生。当我们能够做到这一点时，孩子就会认为，父母能够放下身段告诉他们"不"也是关心他们的一种方式，是为了能够保护他们不受外界所有混乱的影响。

了解青春期孩子的大脑（这很正常！）

孩子的行为有时会让你抓狂，甚至会让你怀疑自己是否在养育一个未来的罪犯，但这绝对是正常的。当我们了解了孩子的行为及其驱动因素后，在那些"激烈"的时刻，我们就更容易表现出同情心了。

想象一座正在进行大规模翻修的房屋，到处都是建筑工人——钻孔、敲击、拉扯、拆毁，嘈杂而混乱。到处都是水泥灰尘，瓦砾乱飞，没有一个角落能让人坐得舒服。这绝对是一场动乱。

这正是青少年大脑中正在发生的事情：彻底改造。

而这似乎就发生在一夜之间，突然之间，我们善良、多情、体贴的小家伙似乎变得自我中心、爱争吵、喜怒无常、不懂事。

在你耿耿于怀，想知道你心爱的宝贝究竟去了哪里之前，请记住，这是他们生命中正常、健康、恰当的发展阶段。（我们总是急于指责的那些"荷尔蒙"，实际上只占"发生的事情"中很小很小的一部分。）

进入青春期，青少年的大脑开始进入重塑阶段，这个阶段大约会持续到 20 多岁。他们的大脑正在做它应该做的事情，这样他们就能发展出更强壮、更快速、更复杂的大脑来进入成年期。

孩子在这个时期会慢慢从我们身边独立，他们想要突破界限、顶嘴、争吵、更多地关注同伴、表达自己的态度（可能还有一些脏话），这都是这个阶段非常正常的需求和表现。

🚩 **停止恐慌**

这并不意味着孩子会把你曾经试图灌输给他们的所有价值观抛诸脑后，他们只是在摸索如何开始自己的生活，寻找对自己最重要、最有价值的东西。尽管这种"反击"和改变可能会让你感到不适，但你的孩子正在这里学习至关重要的人生道理。

自然，你本能地会做出一些反应。（我们实话实说，孩子的青春期可能会让很多父母感到受伤和困惑。）但重要的是请记住，尽管孩子的行为看起来有很多问题，但正是由于大脑和身体内部发生了混乱，此时你的孩子比以往任何时候都更需要你。让我重复一遍：他们非常需要你。

他们需要你成为他们测试极限的蹦床。这就是我们的孩子建立自主能力的方式——在我们安全的陪伴下，他们知道无论他们如何推开我们，我们都会一直站在一旁，不会抛弃他们。

迈向独立的这一大步并不是你的孩子在拒绝你，不要把你认为的拒绝看成是针对个人的。真的，真的不是。你可能不愿意听到这些，但对他们来说，这个阶段比作为父母的你要难得多。

在我的心理治疗室里，青春期的孩子们最常说的话是："我觉得父母不理解我""我觉得他们不听我说话"。

所以，请把这些作为你的目标：倾听——不带评判或"高高在上的观点"——理解而不做出反应。

🚩 （当然，我并不是说这些容易做到。）

让家成为一个安全的空间，在这个空间里，孩子们学会为自己辩护，学会发表自己的意见，认识到自己的观点很重要，认识到无论在改造过程中他们会变成什么样子,他们都是有价值的,都值得我们给予无条件的爱。

改变是青少年的工作。在他们的大脑和身体进行重建时,保持一致是你的责任。在这个时期,当你把注意力集中在与他们的关系和联结时,在混乱的施工过程中,你也会经历许多美好的时刻,最终你会发现这一令人不安的改造结果令人叹为观止。(在这一页做个记号,有需要时经常翻阅这些文字。我就知道,我书里的这一页将被翻烂!)

惩罚与管教之争

惩罚和管教这两个概念经常被混淆。当我使用"界限"一词时,我并不是指惩罚。不知为什么,有一种扭曲的观念认为:

界限 = 惩罚

这与事实大相径庭。我们亟须重新审视"管教"一词的真正含义。

我们中的许多人都是在这样的家庭中长大的:管教的基础是以宗教为前提的,有句谚语叫"饶了棍子,宠坏了孩子"。有趣的是,这句话并非出自《圣经》。它甚至都算不上是宗教名言。这句谚语是英国人塞缪尔·巴特勒于 1660 年写的,出现在他的讽刺诗《赫迪布拉斯》中。在历史上的某个时期,这句谚语被歪曲了,教会紧紧抓住这句谚语,如果教徒不在家中实施体罚,他们就会害怕上帝的愤怒。

如果你信奉基督教,可能会觉得我在亵渎神灵。我鼓励你重新思考这个问题,在阅读接下来的几段文字时,享受一下"CC(茧思)时刻"。

如果宗教信仰是你选择为人父母的基础，那么你就必须重新审视牧羊人的棍棒究竟是用来做什么的：保护羊群、拯救羊群、保证羊群安全、引导羊群、带领羊群。牧羊人的棍棒从来都不是用来打羊的。

"管教"一词源于拉丁语"disciplina"。它的词根是 discere，意思是学习、聆听、了解……而不是殴打。

作为父母，我们的工作是在生活中引导孩子，倾听他们的心声，了解他们是什么样的人。当我们把这作为首要任务，并与他们建立一种基于安全感和联结的关系时，孩子们才会愿意向我们学习，把我们当作榜样。在他们的人生旅途中，他们会更加乐于倾听我们的指导，接受我们的指引。

构建大脑最有效的方法不是使用严厉的惩罚。事实上，惩罚孩子会让他们的大脑陷入恐惧和生存的恶性循环。当我们处于恐惧和愤怒状态，无法正常连通前额叶皮层时，就无法进行学习。当我们大喊大叫、怒吼或实施惩罚时，并没有教给孩子任何东西，而是在亲身示范，告诉

他们一个行为失常的成年人是什么样子。这样做，我们就在强化他们的线路，让他们知道下次感到失控时，他们可以如何表现出自己的失调。当我们与孩子之间存在着联结和依恋的关系时，就没有必要用恐惧来教育孩子。在健康的亲子关系中，相互尊重、相互倾听和感到被理解都会发生。根据我们对大脑及其功能的了解，最有效的教育方式就是反思并成为你希望孩子成为的样子。

 提醒：我们的孩子会变成我们，他们通过我们给他们的角色榜样来学习。

到底该如何管教孩子？

在我的育儿讲座上和心理咨询室里，经常会被问到一些让人恼火的问题，比如："娜奥米，我应该怎样管教我的孩子呢？"

回到我自己的家庭，我们不会把"行为允许"放在"规则"的范围内，规则不起作用。为什么？规则可能会造成一种基于恐惧的等级制度，而这种制度通常会严重失效，而且一旦家里的行为发生变化，通常每隔一两个月就需要改变规则。当你从发展和情感的角度来理解孩子的行为时，就真的不需要规则了，而是需要大量的耐心和不断的自我努力。

♥ 我相信价值观适用于生活在同一屋檐下的每一个人，而且对每个年龄段的人都一样。在我们家，指导所有行为的唯一价值观就是"善良"。

与需要改变的规则不同，我们每个人都不会忘记这一价值观。

孩子的大脑是在我们的榜样作用下发育的，所以如果你想让孩子变得善良，那就做个善良的父母吧！

这颠覆了我们对"管教"的理解，我们的作用应该是引导。我在家里不断强化价值观，并鼓励孩子反思的一个重要方法就是以"三道门"为准则。事实上，因为我经常提到这三道门，以至于每当我开始重复时，孩子们经常会抢着帮我把话说完。这三道门是伟大的苏菲派诗人鲁米的名言。

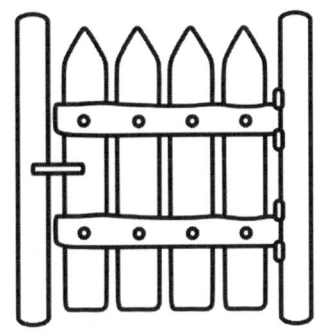

在你说话之前，
让你的话
通过三道门。

虽然他指的是我们说的话，但在我家，我也将这句话延伸为我们的行动指南和对彼此的行为反应。这不仅适用于孩子的行为，也适用于我和我丈夫的行为。我们相互问责，共同遵守这些准则。

这就是我们家的"三道门"的样子：

- 它是善意的吗？
- 它是真实的吗？
- 它是必要的吗？

在我们家，无论说什么、做什么，都要先经过所有这三道门。

比方说，我女儿问某个单词如何拼写（这种情况经常发生），我儿子可能会说："你这么大了，还不会拼？"

我用平静的语气问他:"这句话是善意的吗?"

"不,妈妈。"

"这句话是真的吗?"

"是的,她应该知道这个词怎么拼!"

"有必要发表这样的评论吗?"(虽然他一开始可能觉得有必要,但当我们都有时间反思时,他就知道没有必要了。)

我会经常提醒我的两个孩子,在我们家,我们的一言一行不能只通过一扇或两扇门,它必须通过所有三道门,才符合我们的家庭价值观。

我们围绕这些大门进行的对话很有力量,最终每个人会产生真正的反思。还有一个额外的好处是,当你关注善意时,自然而然就会产生共情。双赢!

因此,当您家中出现"问题"时,需要问以下两个问题:

1. 这种行为符合孩子的成长规律吗?我可以向你保证,大多数情况下是这样。在这一点上,我们对孩子的期望往往是成为"小大人"。但他们不是。他们是孩子。在那些"麻烦时刻"记住这一点非常重要。

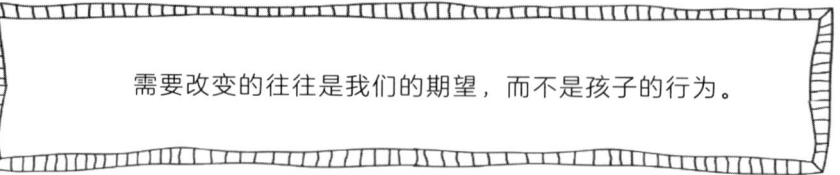

需要改变的往往是我们的期望,而不是孩子的行为。

2. 在孩子的世界里,他们是否在试图向我传达某种情绪?请记住,孩子是用他们的行为来交流的,他们不太可能把你拉到一边,要求和你聊聊天,告诉你他们在烦恼什么。更大的可能是,他们会做出可怕的行为，而你会成为这种行为的接收者。我知道你的第一反应是想反击，但请深呼吸。首先问自己一个问题："他们怎么了？"这将使你有更多的同情心和耐心，并重新思考需要"管教"的问题。但是，如果你不能自我调节，当孩子的行为引发了你的情绪状态时，这些都是不可能的。

"自我照顾"（self-care）和"措辞工作"（couch work）这两个词是帮助我们走过这段人生旅程的关键，它们贯穿了整本书。掌握这两个词，因为它们是你渡过难关的唯一方法。当事情急转直下时，想象一盏闪烁的霓虹灯，上面写着：

行为从来不是针对个人的，它始终只是传达一种需求的信息，而这种需求往往就是联结。试着首先记住这一点，你就会看到行为的改变。一旦我们理解了，就会更容易调节我们的神经系统，只有当我们做到了这一点，我们孩子的神经系统才会开始变得更可调节。

无论是针对哪个年龄段的孩子，当"火势"肆虐，房子有被"烧毁"的危险时，请记住，需要一个冷静的大脑来使另一个不冷静的大脑冷静下来。

另一个关键因素是"在场"。在这些怒气冲冲的时刻，我们往往想把孩子从身边赶走，要么对他们大喊大叫，要么把他们赶回自己的房间。但不要忘记，我们的大脑能从有自控力的他人那里学会调节。

🔔 **注意**：要求孩子不要打扰我们，到别处玩，与在他们情绪崩溃时把他们从我们身边送走是不同的。

我们希望孩子长大后成为可以调控自己的成年人。我们都见过行为失调的成年人，那可不是什么美丽的风景。所以，在这种时候，最重要的是我们要尽量保持冷静、有条不紊，在暴风雨肆虐并最终过去的时候，与孩子在一起（如果他们把你赶出房间，就站在门外）。你看不到他们的大脑在这个时候发生了什么，但小小的神经元正在疯狂地放电，学习调节的能力。你可能在很长一段时间内都看不到你的劳动成果，但坚持下去，你就会看到。

🚩 关于界限和"管教"问题的最后一点想法：生活并不完美。作为人类，我们并不完美，我们不能对自己或孩子抱有过高的期望。这是一场混乱的舞蹈，但也是一场美丽的舞蹈。你所需要做的就是聆听音乐，并和孩子一起跟着节奏舞动。记住不完美才是生活的真谛，这样就能减轻养育过程中的压力，去享受更多的美好时光。

又及：在第 3 部分的最后，有一整章都是关于如何温和而富有同情心地设置界限的，供那些想要了解更多行为管理方法的家长参考。

特质 8

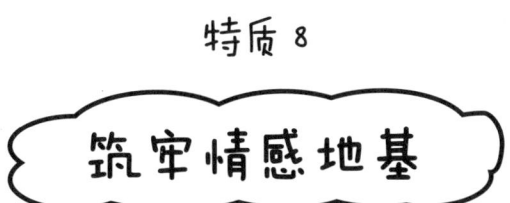
筑牢情感地基

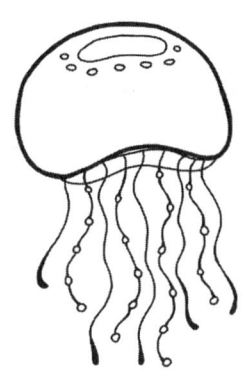

我在工作中看到过太多"漂浮者"孩子,所谓"漂浮者"并不是现在你脑海中可能浮现出的形象!相反地,请你构想一个毫无目的地在浪潮中浮动的水母。"漂浮者"指的是这样一群孩子:他们有房子、有家庭,去好学校,有着所有他们可能需要的花里胡哨的东西,但是没有归属感。因此,他们完全不知道他们是谁,没有身份认同,并且完全缺乏心理弹性。是的,他们没有根,而正是我们的根让我们在最猛烈的暴风雨中仍可保持扎实和稳定。

我最喜欢的一句话是来自马来西亚的谚语：

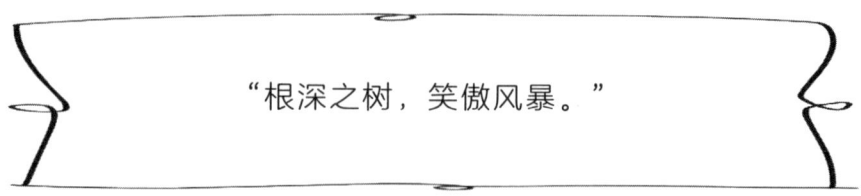

"根深之树，笑傲风暴。"

我们通过在家中说的、做的、实践的每一件小事筑牢这些强健的根基——这些小事让我们的孩子为自己作为家庭系统的一分子而感到自豪。让孩子们拥有主人翁意识的小事，往往也充满了乐趣和欢笑。这一切都会让他们更有归属感，也更希望自己融入自己的"族群"。

 你在家中做了什么来长出强健的根基？想想你家里拥有的小小的家庭传统。此处留出一个 CC（茧思）时刻。

家庭传统

在我家，我们会做这样的事情：周五晚上的舞蹈之夜、星期五自制披萨或自制汉堡、周日下午的电影、生日早餐摆桌、晚餐时的智力游戏和早晨上学路上的感恩练习。

也许你会做这样的事情，周日早上在床上喝茶吃早餐、晚上遛狗或者在晚上分享今天的好与坏……传统也可以仅仅是那些你与家人定期一起做的事，它们使你们成为一个有凝聚力的团队，这也是你团队的独特之处。这些传统是什么有无数种可能，但对那些有传统（无论它们看起来有多不起眼或是不重要）的家庭来说，孩子们往往更有归属感。

生活中的风暴不断袭来，我们无法阻止它们。但当它们来临时，我们希望自己孩子的根强健地深深地植入土地里，希望确保在此基础之上长出的大树屹立不倒。

心理弹性和归属感是不可分割的。我一次次在我的工作中和家中看到这一点。当孩子们觉得自己属于比他们更大的某种存在时，他们就会觉得自己有无限可能，觉得自己在这个世界上是多么受人喜爱、多么有价值。

请在下方的横线上写下你的家庭传统或者你想到的并打算从现在开始去尝试的事情。

这些传统在我们看来可能并不那么重要，但却让我们的孩子有一种"我属于这里。我是史密斯家的人、我是辛格家的人、我是恩德洛武家的人……"这样的感觉。你的孩子需要对自己的身份和家庭有一种自豪感和归属感，无论这个家庭看起来多么普通。他们需要这种感觉。你的孩子会和他们的孩子一起做这些小事，这些小事会代代相传。这些对你的家庭来说独一无二的"额外"小事会让他们感到自己扎根于家庭之中。所有人都是在这种归属感中茁壮成长起来的。

变得"更大"

美国埃默里大学两名心理学家经过数十年的研究，做了一个量表去测量孩子们对自己的家庭有多了解。测试结果显示那些可以对大部分问题回答"是"的孩子展现出更高水平的自尊——自我决定意识更强，行为上的困难更少。

这项研究包括的问题如下：

- 你知道你的父母是如何相遇的吗？
- 你知道你的祖父母的家乡是哪里吗？
- 你知道你名字的来源吗？
- 你知道你母亲就读的学校吗？
- 你知道你的行为最像你家哪个人吗？

当孩子们相信拥有比自己本身更大的存在时，他们会觉得自己的生命并非始于出生，也不会止于死亡，自己是更大的家庭结构的一部分，他们会感觉扎根更深、更有归属感。自然而然地，他们也会有更强的心理弹性。

告诉孩子你的童年、你的父母、奇怪的亲戚和你祖先可能来自的奇怪地方的故事。研究你的家庭树,调查你的家族历史中是否有罪犯、探险家或著名发明家。告诉他们那些从童年起就对你很重要的故事。我们希望孩子们长出强壮的根基,那这些就是支柱。

♥ 前阵子发生的事让我们的家庭真正意识到从祖先而来的根基和归属感是如何重要。那天女儿对我说的话是如此珍贵且有意义,为此我写了一篇短文《用爱手工缝制》。

> 两天前,我的小女儿带着这个——一个手工制作、精心缝制的绿色泰迪熊穿过餐厅。这是我十几岁时妈妈为我做的,我女儿为它穿上了自己那件粉红色的闪闪发光的熊造型连衣裙,小心翼翼地抱着它。
>
> 我瞥了她一眼,轻轻地说:"在这个世界上,你找不到比它更充满爱的熊了。你看,这只绿色的小熊是有故事的。"
>
> 我是一个牧师的孩子,对我来说,小时候剩饭剩菜是一种奢侈。在极少数情况下,我们会收到一些新的礼物,但我们肯定没有机会在圣诞节或生日时"提交"任何形式的礼物清单,大多数时候,我们的礼物都是手工制作的。
>
> 我妈妈会花上一年的时间收集和保管各种的零碎。在这些特殊场合的前几天,她经常会不知疲倦地工作到凌晨,创造出一些神奇的东西。

在她与癌症抗争的日子里，又到了圣诞节，妈妈为我精心制作了这份珍贵的礼物 ——一针一线，纯手工制作，充满爱意。

我记得那个圣诞节，这只熊被隆重地包装好，放在圣诞树下。

我记得那年我只想要一只小猫。

我记得当我撕开那张包装纸的时候，我感到愤怒……感到失望……感到泄气……

尽管我在那时无法理解这些狂暴的情绪，但我那智慧的母亲理解……那只是一个小女孩的失落和无助的呼喊，她怎么知道她深爱的母亲正在输掉这场战役。

32 年后的今天，那只绿色的小熊仍然是我珍贵记忆的一部分。

在我告诉女儿为什么世界上没有任何一只小熊能像它一样充满爱之后，她抱得更紧了，回答我说："妈妈，我觉得这只充满爱的小熊应该永远留在我们家，有一天我应该把它送给我的女儿……然后她也应该把它送给她的女儿。"

我的内心顿时涌起一股暖流："我觉得这个主意太棒了，亲爱的。"

在那个圣诞节，一种比我伟大得多的爱抚平了我满腔怒火的伤痛……现在，我将这种治愈的爱深深地融入了我的灵魂深处。

并且我知道，

我们不会传承银行账户，

我们不会传承遗产，

但我们会把亲手缝制的充满爱的回忆传承下去……

并不是那些我们偶尔做成的大事给了孩子归属感，事实上，那些日常生活中平凡琐事常常蕴藏着最有力的建立联结的机会。不要将联结搁置到未来的重大节日和里程碑时刻里，要知道，在小型的家庭传统活动中，在你每天拥有的短暂时间里，你们之间的联结才最能帮助孩子感受到自己被理解、被倾听、被家庭感所包围。

改变视角

对于我们的孩子来说，他们的视角就是他们的现实。事实上，这也是我们所有人的人性真相。如果你想真正从哲学的角度来理解，现实是不存在的。没有绝对的现实，只有视角。有你的视角，也有我的视角。当我们问起"我的孩子有归属感吗？"和"我的孩子觉得自己在这个家庭中重要吗？"，我们更应该问的是"我的孩子是如何看待自己在这个家庭中的价值的？"。

对孩子来说，最重要的往往是那些我们没有意识到的事情，而不是那些大事。我们说的和做的那些看似无关紧要的小事，却能产生最大的影响。

也许你在想："我们正在存钱，12月份我们就要去毛里求斯了，所以到时候我们会联结上吧"，或者"周末在他们的体育比赛结束后，我们会做些有意义的事情"。

我理解那种"我就是不能。我真的做不到。我压力太大，太忙了"的父母心态。但问题是：并不是只有在那些重大节日或精心策划的活动中才会发生有意义的联结。孩子能从许多在我们看来不值一提的事情中感受到魔力，重要的是我们如何看待这些看似随意的时刻，以及我们如何在这些时刻与孩子建立联结。这才是他们的世界的与众不同之处。（顺便说一句，青少年也 100% 包括在内！）

 重要的 CC（茧思）时刻：当你意识到必须开始用孩子的眼光看待世界时，就会完全改变你的视角。

当孩子向你展示蜗牛壳时，请注意倾听。

当孩子讲述他们的朋友在操场上做什么时，请放下手头的工作，认真倾听。

当孩子对体育教练不公平的决定大发雷霆，无法克制自己的挫败感时，你要感同身受。

多读一些睡前故事。

烹饪他们最喜欢的饭菜，只因为他们喜欢。

这些才是最重要的。

这些才是确保他们感到有价值和有归属感的事情。

> 正是那些我们关注到的细微之处
> 最有可能让我们与孩子建立联结。

特质 9

拥抱孩子的情绪风暴

（友情提醒：本章很长，因为要涉及的重要方面太多了！）

我们中的许多人都是在这样的家庭中长大的：我们的情绪被忽视，被扫到地毯下面，甚至因为感受到情绪而受到惩罚。许多父母不能容忍我们的"大"情绪，更不用说知道我们的大脑在成长过程中需要的、在压力巨大时感到安全的，是他们的陪伴和无条件的爱，以及他们对我们所表现出的每一种小情绪和大情绪的接纳。在我的工作中，我从很多孩子身上看到了这一点。事实上，我也是在这样的环境中长大的。

在大情绪没有发言权的家庭中，不可避免的结果就是孩子们有抑郁、焦虑和"不够好"的感觉。我们的孩子需要明白，无论他们有什么感受，无论他们的生活出了什么问题，他们都可以找到我们。在他们的一生中，他们需要将我们视为一个安全的空间。可事实是，大的情绪往往会让成年人感到不舒服，因此我们会试图把它们推开，尽快"熬过"它们。

我们需要始终向孩子们传达的无声信息是："我不怕你们的强烈感受。来吧，你的一切，你的感受和体验，在我这里都是安全的。"

可当我们的孩子崩溃的时候，我们往往会说这样的话：

 "我的天，你反应过度了！"

"又来了！"

"回你的房间去！"

（以及以上话语的诸多变体）

这些话都不是真正接纳或表达同感。一个残酷的事实是，我们之所以不能坐在这些如洪水般波涛汹涌的情绪空间里，唯一的原因就是在我们的孩提时代没有大人为我们做这件事。当我们无法做到"静坐"时，我们向孩子传递的无意识信息就是：情绪是"坏的"，是"错误的"，当我们感受到情绪时，我们需要压抑它们。但压抑会导致愤怒和抑郁。处理生活中的重大事件，化解我们不可避免要面对的创伤，在很大程度上是为了能够将这些情绪编织进"我们是谁"的故事中，然后能够与我们爱的人分享。

我想为了我的孩子成为这样的人。我想确定，当他们的生活出现问题时，他们知道可以来找我。如果他们不来找我，那就意味着他们会去找同龄人或其他人，那我就不确定他们会得到什么样的意见。也许，他们甚至会试图独自应对他们所面临的挑战，不愿向任何人寻求支持或帮助。这也可能会带来可怕的后果，那就是快速地滑向抑郁症。

我曾有过很多疲惫不堪的日子，我坐在通道的地板上，两条腿上各抱着一个泣不成声、不知所措的孩子，一句话也说不出。在这些时刻，我所能做的就是调整自己，深呼吸，记住那些霓虹灯上闪烁的咒语：

"这不是针对我的！""一切都会过去的"。如果你发现自己处于这种崩溃的时刻，那么请深呼吸并重复这些咒语100次。

"好"情绪和"坏"情绪？

我们倾向于把情绪分为好的和坏的，或者积极的和消极的。但所有情绪都是真实和正常的，它们是我们的身体对特定时间内环境体验的诠释。我们的情绪能让我们深入了解自己在周围环境中的安全感和舒适感。与孩子谈论大的情绪时，请记住每一种情绪都蕴含着重要的信息，没有一种情绪，尤其是愤怒，是"坏"情绪。（之后有一整节专门讨论愤怒，因为这种可怜的情绪惹得人们如此非议，而且经常被误解！）

"大"情绪的本质

当孩子有任何"大"情绪，而你也感到被触发了预警信号时，请记住一句咒语（是的，又来了！）："这不是针对我的！"孩子们表现出的任何行为或情绪都不是针对个人的，它们只是表明了他们的情感空间和情感需求。

当我们被孩子的情绪空间触发时，往往会做出以下反应：忽视他们，或者把他们的大情绪推开。而我们这样做就是在推开孩子。有时，作为父母，最不愿意做的事情就是坐在孩子如洪水般的崩溃情绪中，或者处理青少年易怒情绪的冲击，但恰恰在这个时候，你的孩子最需要你。在情绪失控的时刻，我们都是最脆弱的，我们需要的是一个安全的空间来联结和调节。

成人调节神经系统的能力对于健康的人际关系和总体心理健康至

关重要。没有调节能力,心理弹性根本就不可能实现,因为在失调时,我们会感到不知所措,失去控制,非常无力。在这种失控和无助的状态下,要想在被"击倒"之后重新站起来就难上加难了。

调节是大脑皮层上部的一项功能,这个区域直到成年早期都还在发展(如我前面提到的那样)。

这里要记住一个"关键"问题。

如果没有成人与孩子一起努力,孩子就无法形成这种调节能力。因为孩子的大脑只有在有自我调节能力的他人在场的情况下,才能形成调节的链路。

对于大多数父母来说,这是一个巨大的觉悟,需要大量的自我努力。唯一的办法就是不断练习呼吸技巧,大声念诵"咒语"。当我们的孩子处于那些巨大的、难以承受的空间时,我们需要先让自己平静下来,然后才能出现在他们面前,迈入他们深陷的混乱的、巨大的、情绪化的泥沼里。在孩子情绪失控的混乱空间里,哪怕仅仅是保持冷静,其力量都是巨大的,而这往往被我们低估了。当我们能做到这一点时,就传递了一些重要的信息,比如:

 "你的情绪吓不倒我。"

"你的大情绪很正常。"

"无论你经历什么，我都会坐在这里陪你。"

"你的每一部分对我来说都是可以接受的，都是可爱的。"

这些话向我们的孩子充分说明了他们的价值。当孩子们觉得我们无法容忍他们的情绪时，就无法处理大的情绪。我们不应该害怕崩溃，而应该重塑它们，将它们视为建立联结的最佳机会。正是因为在这些巨大情绪产生的时刻，我们人类是最脆弱的，这才让最深层的联结得以发生。

黑暗混沌的空间可能让人难以忍受，但也要看到另一面——你的孩子在最脆弱的时候选择来找你！此时，他们最需要的是联结，而不是评判、不是责骂，也不是被打发走，他们要的只是你。你甚至什么都不用说，你所需要做的就是为他们留住空间，就是这样。

做更大的"水桶"

当我向家长们讲述孩子们在情绪失控时需要什么，我使用了"留住空间"这个词，经常有人问我是什么意思。

无论孩子多大，当他们因任何原因导致失调时，我们需要做的就是"留住空间"（这也是任何年龄段的人在与自我不同步和失调时都需要的）。简单地说，就是在他人情绪不顺时，自己能够保持冷静和自律，舒适地坐在对方的情绪空间里的能力。关键是要把这些情绪当作重要的信息传递者，努力与它们友好相处。对于孩子来说，这些情绪是让你进入他们内心世界的黄金通道。

让我们把孩子们处理情绪和重大生活事件的能力想象成一个水桶。这里的重大生活事件是指他们认为的重大事件，而不是你认为的重大事件。对小一点的孩子来说,这个"生活中的重大事件"可能是早上不能用他们最喜欢的碗吃麦片,因为碗还在洗碗机里;对青少年来说,可能是他们被暗恋的人已读不回了。

一些你可能根本没有意识到的小事,会在一天中开始填满他们的"水桶"。

对于学步期和学龄前儿童来说,"大事"可能是这样的:

- 我想穿我的蓝色短裤,但妈妈给我穿上了绿色短裤。
- 早餐我不想吃玉米片,但我碗里就是玉米片。我把它扔在地上,想告诉妈妈我不想吃,但她却非常生气。我不知道还能怎么跟她说。
- 狗扑上来把我撞倒了。
- 爸爸想帮我刷牙,但他刷得太快了,因为他一直说上班要迟到了。他焦急的声音让我有点担心。
- 到了学校,妈妈给我背上书包,但书包太重了。
- 我再也受不了了,我需要让他们知道我的感官系统感觉不舒服。我无法控制接下来发生的事情,开始了爸妈所说的"崩溃"。

对于青少年来说,可能看起来是这样:

- 今天早上闹钟响了,我还是筋疲力尽。我真的不是一个爱早起的人。
- 我来不及吃早饭,因为妈妈的早会要迟到了,她非常紧张。
- 我走进学校,听到两个女孩在小声议论我的"大胖腿"。我一直在努力让自己的身体保持健康,这样的评价真的让我感到很生气（也很难过）。

- Ⓗ 苏珊在社交媒体上发了一段视频，我知道她对失败者的评论是针对我的。
- Ⓗ 我的历史考试成绩出来了，尽管我很努力地复习，但还是只考了 57 分。这让我非常非常难过。
- Ⓗ 在经历了如此糟糕的一天后，最让我难过的是爸爸接我的时候迟到了。我上了车，对忙碌的一天感到心烦意乱，而爸爸却开始对我闷闷不乐的态度大发雷霆。我再也忍不住了！我回到家，跺着脚穿过客厅，走进卧室。我听到妈妈说："她什么毛病？"她真的不明白，甚至没有试着理解我。我无法控制自己的内心，感觉自己就像一座冒着岩浆的火山。我砰地关上门，在床上泪流满面。这不是开玩笑，我"崩溃"了。

为真实人性状态保有空间

愤怒、悲伤、发脾气、蔑视——所有这些你不愿看到的"行为"（在发展过程中是非常自然的）——都只是人类处于失调状态中的一种表现。重要的是，处于失调状态的人需要其他能够保持调节状态的人在身边。

当孩子们的情绪从他们的桶里溢出来，漫进我们的水桶时，我们在旁边不做任何反应，并将他们的情绪控制在一个更大的水桶里。这意味着我们在为他们"留住那个空间"。

我们要允许孩子水桶里的水溢出到我们的水桶中，接住他们溢出的水，为他们安全地留住这个空间。

作为成年人，我们有更多的情感和认知能力来处理巨大的情绪。当我们能够留住这个空间，而自己又没有变得失调的时候，就是我们真正帮助孩子的大脑认真成长的时候!

这正是我们需要时刻把自我保健和自我调节作为优先事项的原因。在我们的水桶上钻孔,排空自己的情绪和压力,确保我们有能力以自我调节良好的状态坐在孩子身边。

对于青少年,你可能需要在他们的卧室门外为他们留住空间,这也是可以的。对我们的孩子和我们的亲子关系来说,重要的是让他们知道,有一个成年人一直在暴风雨肆虐时与他们并肩作战;有一个大人没有逃避,没有把他们推到一边,也没有对他们内心的风暴感到害怕。当孩子们感到我们在他们的那个大情感空间里抛弃了他们,对他们来说,这就是拒绝。当孩子们感到被拒绝时,他们所接收到的信息是,他们的某些部分是不可爱的,是"太过分"而无法被接纳的。而这一切都会反映在他们的自我意识和心理弹性上。

钻些孔

你需要做些什么来减轻压力和不堪重负的感觉?也许是在花园小径上散步、在健身房锻炼、与闺蜜一起喝杯下午茶,或者来个"独处"泡泡浴。

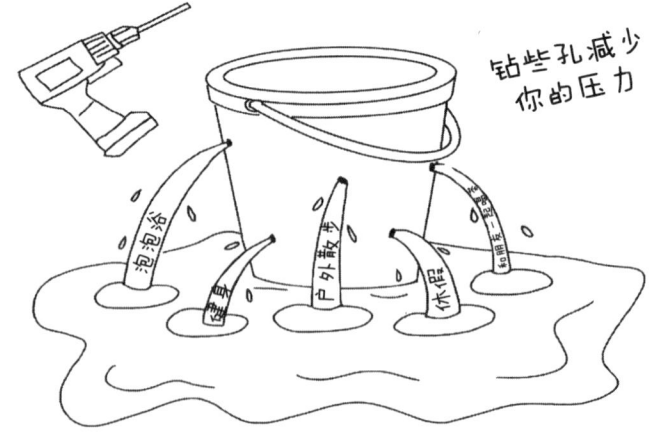

无论在水桶上钻孔对你意味着什么,这样的事都要多做一些。每天把它放在首位。如果你不进行自我关照,就不可能为他人留出空间!这就是这里需要的"CC(茧思)时刻"!

各年龄段的崩溃

崩溃不仅仅是孩子的问题,所有年龄段的人都会有崩溃的时候——在不同的年龄阶段,崩溃的表现可能略有不同,但我们都会有这样的时刻。当我们感到失调时,就可能会发生一些非常失控的行为。

在任何情况下,如果我们的大脑被触发,感到某种程度的不安全,它就会启动生存状态。在这种状态下,我们"会思考"的上半部分大脑会切断与下半部分大脑区域的联系,这样它就能接管我们的大脑,让我们活下去。

你也许认为,当孩子不能用最喜欢的碗吃麦片时,并不会有迫在眉睫的危险。你也认为,当青少年的暗恋对象没有立即回短信时,并不是什么生死攸关的时刻。但是此刻孩子们大脑的压力反应已经被触发,并向体内释放荷尔蒙皮质醇、肾上腺素和去甲肾上腺素。这一连串的求生荷尔蒙会导致一系列生理、心理上的反应,如呼吸变浅、心率加快、颤抖、浑身无力以及身体和情绪上的脆弱感。

这些反应可能表现为愤怒、泪如泉涌、无理取闹等，但它们实际上是出于交感神经系统被触发，进入了"战斗或逃跑"状态。此时，孩子们无法——我的意思是绝对、一点都不能——控制他们对环境（包括你，如果你在其中的话）的情绪和心理反应。

你可能会大喊"住手！""别闹了""没那么糟！"，甚至骂一些脏话，但在那一刻，孩子们无法进入自己的理性大脑。事实上，你的任何反应、防御和指责都可能加剧他们体内的失调和警报状态。要让他们的大脑平静下来，他们最需要的是那个平静的大水桶，那就是一个能自我调节的你。

 提醒：冷静的大脑能让不安的大脑平静下来。（又是这句非常重要的话！）

如果你不经常对自己进行心理疗愈，不努力减轻压力，不每天做一些事情来在那该死的桶上钻孔，一旦你的孩子被大情绪触发，你就不可能做那个平静的大水桶。

> 我们常常忘记，孩子也是人，他们也会有艰难的日子、悲伤的日子、烦躁的日子和其他糟心的日子。想想你需要放松时的感受，以及你在这些时候需要什么样的支持。给予孩子足够的尊重，并把同样的支持给予你的孩子们。

理解孩子的"小题大作"

在我们看来，真正让孩子苦恼的事情往往是非常"微弱"或"无关紧要"的。比如不能用心爱的麦片碗，或者不得不错过一个聚会。"看在上帝的分上！""这又不是世界末日"或"这只是一次聚会而已"，这些盘旋在我们脑子里的想法让我们试图从成人的角度来解释"麦片碗事件"和错过聚会的惨剧。但是，大脑及其所有精美复杂的功能都是自下而上发展的，原始的生存本能首先发展，然后是情感部分，最后才是思维部分。

美国著名精神病学家布鲁斯·佩里谈到了3个"R"：调节（Regulate）、联系（Relate）和理智（Reason）。当我们（任何年龄段任何人）处理大的情绪崩溃时，这3个"R"可以为我们提供一个基础，帮助你的孩子（或处于这种状态的任何人）管理他们巨大的情绪空间。

布鲁斯·佩里的"3R"

如果孩子失调，与外界脱节，逻辑思维就不会奏效

- 理智 — 大脑皮层（思考脑）
- 联系 — 边缘系统（情感脑）
- 调节 — 脑干和中脑（生存脑）

第一个"R"是调节。当大脑的原始生存功能被激活时，此时使用文字是毫无意义的。当孩子或任何人处于这种状态时，什么都不要说，走到他们身边，坐在他们那里。但这意味着你必须控制自己的情绪，如果你觉得自己快要失去冷静，不如转过身去，深呼吸，默念"我的孩子正在经历一段艰难的时期，而不是在为难我"。有时这能帮助我们改变看法，然后问自己一个问题："我的孩子现在最需要的是什么？"在大多数情况下，其实他们需要的就是在一个平静的空间里，能够与他们在一起的我们。无论你要做什么来进入这个空间，都要去做！

第二个"R"是"联系"。这时，我们可以使用词汇来描述孩子可能会有的感受，并继续留在他们的空间里，而不要试图解决问题或消除他们的巨大情绪。很显然，如果你的孩子想把你赶出房间，你也要待在他们身边。他们会感受到你是真心想要陪伴，还是迫切地希望走开。

尽管你也许真的很想一走了之，但他们正是在最脆弱的时候，才最需要你。你的存在充分说明了他们在这个世界上的价值，以及他们对你的价值。当我们真的走开时，孩子们往往会进一步感受到被拒绝，并接收到他们不够好的信息。这无助于他们学会如何调节自己。

只有这样，我们才能进入第三步，也是最后一个"R"——理智。这一步很少是在头脑"发热"的时候完成的，因为当大脑不平静时，无论如何都无法进入理智的部分。当大脑还处于生存或情绪状态时，你试图进行说理、解释甚至教导，不仅徒劳无益，甚至会让孩子更加沮丧。只有在晚些时候甚至第二天，当我们能与孩子的理性大脑对话时，才有可能理出头绪。这时我们可以讨论发生了什么，他们为什么会有这样的感受，并聊一聊下次他们是否能尝试用更好的方式来应对这种情况。

提醒：孩子只有在感到被听到和被理解时才会愿意倾听。作为成年人，我们常常说得太多，我们认为自己的角色就是为孩子们提供建议。其实不然。我们需要学会安静和倾听，因为只有这样，孩子们才会足够信任我们，才会回过头来倾听，并允许我们引导他们。

> 如果你试图直奔逻辑而去，你就会完全错失联结的机会，很有可能你的孩子最终只会感到沮丧和愤怒，因为他们觉得你"不懂"。

表达的重要性

许多成年人缺乏表达自己感受的能力，因此他们往往会愤怒、抑郁、逃避或高度焦虑。每当我们处于巨大的、难以承受的情绪中时，我们就像一座座翻涌着滚烫岩浆的火山。当我们能用语言描述自己的感受时，就能防止火山喷发。让孩子从小就了解各种不同的情绪，并让他们学会用语言描述自己的感受，这一点至关重要。有很多方法可以做到这一点，但是谈论自己的情绪、他们的情绪以及周围人的情绪是一个很好的开始。

当孩子知道有一个词可以描述他们的感受时，他们也会明白所有的情绪状态都是正常的，因为其他人也会有这种感受。当我们为孩子提供表达自我的语言时，他们就更有可能感到被理解，并相信你"理解他们"。

这是内心的解读：当我明白自己的感受时，就能采取措施帮助自己渡过情绪的波峰。用"波浪"的视觉效果来向孩子描述情绪不是永久的状态，是一个很有用的比喻。情绪来得快，去得也快，当情绪达到顶峰时，会让人感到难以承受，但并不会一直如此。所有的波浪都会到达岸边，然后消散成泡沫。知道这种泰山压顶的情绪会过去，有助于所有人相信，即使是最令人沮丧的状态，我们也能克服。

情绪就像波浪，来来去去

从神经学的角度来看，当我们能够说出自己的感受时，就能转换所使用的大脑的部分，进入更理性的前额叶皮层区。在我的工作中和家庭里，我会使用一套情绪面孔卡片来帮助我所服务的孩子以及我自己的孩子理解并命名他们的情绪。（更多详情，请参阅本书末尾的资源部分。）

我的孩子们非常喜欢这些卡片，经常向我索要。当他们不知所措的时候，就会拿起放在厨房抽屉里的那包卡片，一张一张地翻看，找出他们所感受到的情绪，然后我们再一张一张地谈论这些情绪。这对他们来说是一种力量，同时也是一种很好的联结，因为我的孩子们知道我完全理解他们所处的空间。这正是我们人类各个年龄段所需要的——感受到被认可、被重视、被倾听和被理解。

让孩子觉得自己是一个"正常"的人的首要条件,就是让他们知道在家里,所有的情绪都是正常的。他们需要这样的信息:"我的全部,不仅仅是我善良、友好、可爱的部分,我所有的一切都是可爱的。"

这就是无条件的爱的含义。说起来容易做起来难,但孩子们从我们这里得到的信息仍然至关重要:"你可以把那些大情绪带给我。这个家是一个安全的空间,在这里你可以尽情发泄。"如果我们不创造这样的空间,就会埋下断联、抑郁和焦虑的种子。

与孩子谈论情绪,应该像谈论把衣服放进洗衣篮一样频繁。在餐桌上、在车上、在讨论你们一起读的书和看的电影时,都可以聊。当我们谈论太多话题时,人们往往会感到疲惫,从心理上"退出"谈话。虽然我们不想让孩子们在这样的谈话中也感到疲惫不堪,但我们确实希望情感话题能融入我们的日常生活。这一点在我们家非常宝贵,它让我的孩子们能够放心地向我倾诉任何难以启齿的问题。

洋葱情绪

愤怒是一种令人着迷的情绪,我称之为"洋葱情绪"。愤怒从来不是单纯的愤怒,它的核心永远是无能为力。在无能为力和"火山爆发"(愤怒的表现形式)之间的层次充满了其他情绪,如痛苦、恐惧、悲伤、难过和内疚。

当我们对孩子的愤怒做出应激反应时,不仅会与孩子脱节,还会错过他们的行为所要传达的真正信息。通常情况下,愤怒的孩子只是一个处于情感痛苦和困扰中的孩子。如果我们能将愤怒重新定义为试图发声的痛苦,就能以更多的同情心来应对愤怒,满足愤怒背后的需求。愤怒是对脆弱的一种防御,它使我们能够将"他人"拒之门外,从而避免

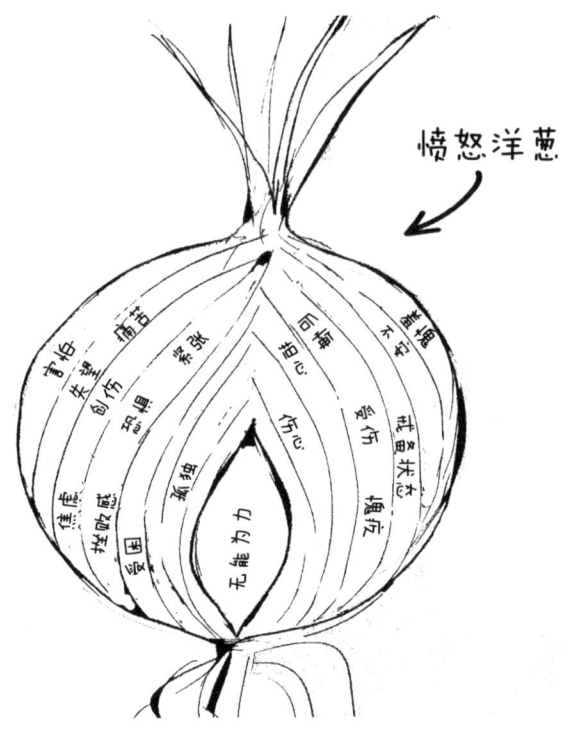

让他人过于接近而加深我们的伤害。这适用于所有年龄段的人,而不仅仅是我们的孩子。

充当"沙袋"

当孩子生气时,作为父母,我们往往会成为他们的出气筒。没有人喜欢当情绪的出气筒,这也不是我们希望在"养育荣誉勋章"上添加的品质。然而,伤心的孩子只能在他们能找到的软着陆空间出气,而我们往往就是这样的地方。他们会在感觉安全的地方出拳,也会在感觉极不安全的时候出拳。

你的第一反应可能是:"如果他们需要帮助,为什么要把我推开?"

我经常听到这样的话，而事实是，我们每个人在极度痛苦时都会这样做。我们龟缩（爬进自己的壳里，暂时躲开这个世界），或者发泄（愤怒是我们在痛苦中感到脆弱时的常见反应）。我们的行为只是反映了我们的脆弱和受伤的程度。

我们对愤怒的自然反应是反击，让自己变得焦躁不安，把孩子送走，自己暴跳如雷，或者惩罚他们的愤怒，因为他们的言行常常让我们感到受伤。这时，我们需要问问自己，在那一刻，我们受伤的孩子需要什么，他们想告诉我们什么。

注意：我说的是问我们自己，而不是他们，因为他们很可能无法告诉你，尤其是在他们非常情绪化和愤怒的状态下。当我们能把握住这个空间，放下那些并不重要的东西，不上钩，带着满心无条件的爱，一次又一次地回去，最终，愤怒会软化，痛苦会爆发，眼泪会流下来……只有这样，联结才能发生。只有这样，治疗过程才能开始。这对我们做父母的来说并不容易，但只要你做到了，眼泪很容易就落下来了。这需要我们有足够的耐心和很多很多的自我同情的时刻。

几年前，我做了一整年孩子的情绪沙袋。那是极其痛苦和不公正的，但现在回想起来，我因为做"沙袋"产生的痛苦，其实是孩子内心无法言说的风暴投射。有很多个夜晚，我躺在床上都觉得自己的情绪无比黑暗，从头到脚都伤痕累累，泪水浸湿枕巾。我知道，一个典型的心地善良的孩子，他的嬉皮笑脸、挑衅、顶撞、反驳以及其他种种反常行为，背后都隐藏着深层次的复杂因素。

很多时候，我咬紧牙关，做大量的深呼吸。有的时候我崩溃了，泣不成声，有时候我又绝望地推开其他人。但是，在我的内心深处，那颗温暖的母亲之心知道，我还有很多事情要做，所以我继续张开双臂，重新站在擂台上。我不断吸收着来自孩子情感上的重击，因为我一直相信，总有一天我会明白为什么他要对我出拳，总有一天我们能一起走出拳击场。

这一天真的来了。

我拍了拍孩子的肩膀，像以前一样说："嘿，亲爱的，我知道这里发生了一些事情……我是来帮助你的……"在孩子又一次翻白眼后，这一天真的来了。

这个小人儿先是像只没头苍蝇一样转来转去，然后像无尾熊一样紧紧抱着我，足足抱了40分钟。那是40分钟的抽泣和拥抱。40分钟，一个令人心碎的关于排斥、孤独和悲伤的故事。我紧紧地抱着他，泪水也无声地顺着我的脸颊流了下来。

那一年，我们俩都痛不欲生，甚至无法用言语表达，只能把这些话憋在心里，直到通过被我和孩子称为"桑格瑞"的方式发泄出来。

桑格瑞【形容词】
由于悲伤导致脾气暴躁或易怒。

从通过"桑格瑞"在悲伤中找到纯净的表达方式，不再需要躲在愤怒的柱子后面的那一天起，治愈开始了，新的生命萌芽了。

我经常反思自己这一年的经历。如果我做出应激反应，把孩子推开甚至惩罚他，那么只会给他带来更大的痛苦。我将会强化孩子内心已经开始滋生的种子，即他们不够好、不够有价值、不值得被爱。这些反应会导致孩子陷入深深的抑郁之中。

那 40 分钟令人心碎的真情流露，是我们之间最深厚的联结，也是我们疗愈过程的开始。当我的孩子终于意识到，我理解他们日复一日地"桑格瑞"，而且我决心帮助他们改变环境，让他们重新找到快乐时，我们突然变成了一个共同解决问题的团队。这让一切都变得不同了。

我的伤痕已经痊愈，我的孩子正在茁壮成长。我们开始从容地在家里谈论愤怒，当我发现孩子生气时，不会去质疑他的愤怒，我会说："嘿，亲爱的，我看得出你很生气，如果你想谈谈，我就在这里。如果你不想说，没关系，但我在这里。"他们明白我"理解"他们的复杂和痛苦。

有很多次，你都会被召唤成为那个安全的着陆点。不需要有任何反应，你只需要张开双臂，站在那里，准备接住你的孩子。

反抗

反抗是反应行为的一种。很多家长都希望得到答案，并一步步了解如何才能结束这种行为。反抗往往会导致你把自己放在篱笆的一边，而孩子则在另一边。你们之间的这种隔阂往往意味着人们的看法有"对"和"错"之分，而我们倾向于把孩子放在栅栏的"错误"一边。但是，你们之间的栅栏意味着无法建立联结，而在没有联结的隔离状态下，心理弹性只不过是一个童话般的想法。

我不喜欢"反抗"这个词。这个词会让人立刻联想到行为反常、态度恶劣的个体。也许你对此的第一反应是高举双臂，大声叫喊："那是因为你不知道在我家发生的暴行，反抗的程度有多明显。"

你需要记住以下这点:行为越是"令人反感",其背后的信息就越是令人绝望,我们就越有必要满足这种需求。(如需更多信息和提醒,请参阅"特质7"中有关青少年大脑发育的部分。)

如果孩子的"反抗"行为似乎是故意的,那么他们一定是觉得自己的情感需求没有得到满足。当我们真正找到问题的根源并满足他们的需求时,他们的行为就会发生改变。我们可以从各个年龄段的人身上看到这一点,当我们的"情绪桶"满了的时候,对世界的反应和对待他人的方式就会与"情绪桶"空了的时候完全不同。如果您是一名青少年的家长,下面的话可能会让您难以消化,但也可能会给您带来一些安慰:"反抗"是孩子从我们身边寻求独立的重要部分。它(又来了!)符合孩子的成长规律,甚至在情感上也是健康的。

注意: 我并没有说这不会时不时让人感到非常沮丧。

当你的孩子不听话,他们的行为是在把你推开的时候,正是你需要深挖并出现的时候。在那时,让那些行为过去吧。用反思和同理心来应对情绪上的脆弱,而不是对行为做出应激反应。如果你抱以同情的态度,就不会强化负面行为,而是在为失调的身体和大脑创造一个安全的空间,为你和孩子之间更牢固的关系奠定基础。正是在这些时刻,你可以培养孩子的心理弹性,提醒他们无论发生什么,你都无条件地爱着他们!

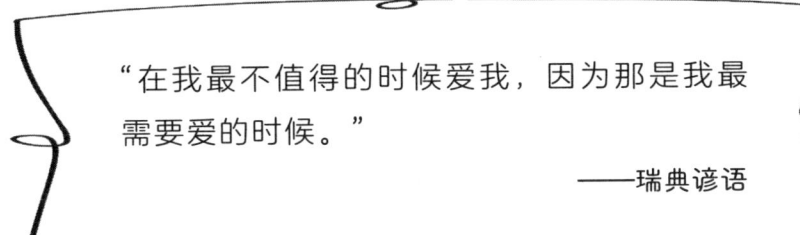

"在我最不值得的时候爱我,因为那是我最需要爱的时候。"

——瑞典谚语

我把这句话做成了冰箱贴,每天提醒自己。这句话是我在养育孩子的过程中最需要时常牢记的——尤其是当家里出现可能会让我失控的"反抗"行为时。这个简单的道理是如此强大。

刺梨和猕猴桃

在我们家,我们会根据自己的心情,谈论自己是刺梨还是猕猴桃。如果你脾气暴躁或容易生气,你就会觉得自己像刺梨一样浑身是刺。如果你心情愉快、充满活力,生活就会像美味的猕猴桃一样美好!这是一种人类现象——不同的行为和情绪空间会结出不同的果实。

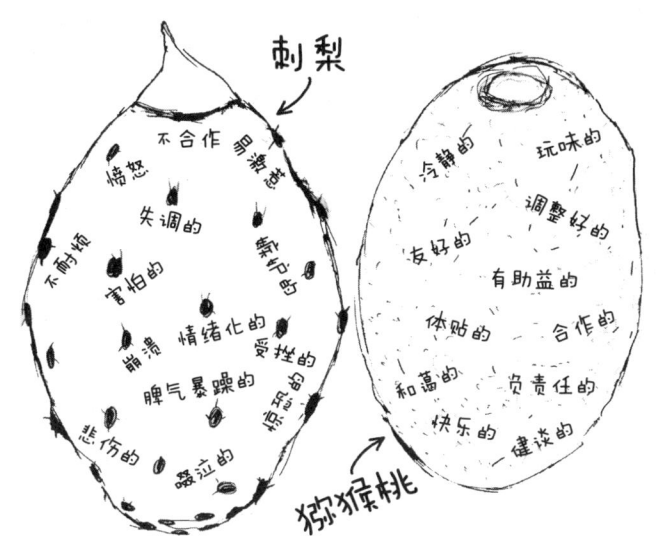

♥ 在那些困难的时刻，当我的孩子们度过了艰难的一天，变得有点"刺"时，我会反复深呼吸几次，然后问我的儿子是否想要一个拥抱，这样他能感觉"更像一个猕猴桃"，因为对我的儿子来说，身体接触是更有效的爱的语言，所以我希望用这种方式与他建立联系。而对于我的女儿，更有效的爱的语言是高质量的时间，所以我会问她是否需要我陪她安静地待上一会儿。通常情况下，根据"刺痛"的程度，这些互动都不需要语言——只需要拥抱或安静的时间。（爱的语言的概念在特质 12 中有更详细的讨论。）

在我们这个嘈杂而疯狂的世界里，有太多的事情要做，很多孩子身上都长满了刺。所以，请你主动且耐心地寻找去孩子那里"签到"的机会，在这些并肩作战的时刻，提出一个安静的问题，并注入一句有力量的话："你还好吗？我在这里。"

当我发现孩子们正在经历一个"刺梨期"时，会加倍努力去完成这些"签到"。我会玩一个简单的游戏（这会创造一个强大的联结空间）：在熄灯后或日出前，当一切还沉浸在黑暗中时，寻找那些安静的时刻。

找到一个安静的空间，用让孩子感受到最多爱的方式与他们交流（重要提示：交流并不一定意味着要把事情说清楚或提出问题）。你的孩子可能不会以你希望的方式回应你，也可能无法告诉你他们为什么感觉"刺刺的"，但这并不重要。重要的是你注意到了，而且让他们知道他们的刺不会让你远离他们。

当"刺梨"感受到爱和倾听时，他们很快就会变成"猕猴桃"。这一点在青少年身上尤为明显，他们身上的刺常常更令人反感、更无情、更难对付。只要静下心来，倾听，保持安静，继续爱他们。所有的刺梨其实都是隐藏的猕猴桃！

在一次特别"刺人"的"刺梨事件"之后，我儿子在一家餐厅写了这张纸条：我会永远做你的猕猴桃，我们现在能拥抱一下吗？从纸条上可以看出，他喜欢的爱的语言是身体接触，他的神经系统喜欢通过拥抱来调节。

特质 10

不妄图做"救世主"

上一篇有很多需要理解消化的部分,所以在这一篇里,我会让你们喘口气。(本篇虽然短得多,但是同等重要。)

父母经常带着他们的孩子来找我,其潜台词是孩子需要被"修理"。而孩子并不需要被修理,他们不是破损的设备。

想要修理是我们的天性,但是作为人类,我们首先需要感到被理解。在尝试解决问题之前,我们总是需要寻求相互理解。我们首先需要与孩子们一起舒服地坐在泥潭里,而不是试图解决问题,处理麻烦并继续前进。

当孩子遇到任何困难时,倾听他们真正想要交流的东西,不要插嘴发表意见。当他们感觉到这个空间是安全的,而你真的只是"在那里",没有评判或建议时,他们就会敞开心扉,告诉你更多。当我们内心强大的保护欲像一只老虎一样(孩子一来到这个世界上,这只老虎就跃跃欲试),促使我们脱口而出"我真不相信他们那样对你"或"你应该直接向老师报告"时,交流就不存在了,孩子可能会沉默不语,你将不再是那个能让他们卸下苦恼的安全、平静的空间。

安静的力量

我的孩子们经常向我讲述他们认为感到受伤或不公平的事件——在教室里，在操场上，在运动场上，在后院里。对父母来说，仓促提供解决方案，并对孩子们提出更多的质疑，太有诱惑力了。但这是一个坏主意！当这种情况发生的时候，暂停一下，记住，在我们生命旅途中最具挑战性的时刻、那些痛苦的瞬间，最重要的是知道有人与我们并肩作战，陪我们度过黑暗的时光。这才是我们的孩子所需要的，这样他们才能学会在生命的黑暗地带中找到自己的路。

沉默是有力的，它有很大的力量。正是在沉默中那些苦思时刻发生了，那些"暂停和思考"（和改变）的时刻发生了，对我们和我们的孩子都是如此。

我们希望我们的孩子感受到的最重要的事情之一就是被理解。作为人类，当我们感到被理解时，才有力量去迎难而上；当我们愿意直面并挑战困难时，就会意识到我们有能力承受它们。而当我们穿过熊熊烈火并且存活下来，我们就会知道，心理弹性存在于我们的身体里。

把你的故事留在那儿

我的儿子喜欢待在家里，他喜欢他的房间、他的空间，他的床（甚至他的枕头对他来说也很重要），并且他真的很喜欢家人的拥抱。一想到要远离这些舒适的地方，他就会迅速陷入绝望的深渊。在他九岁的时候，他收到了一份学校的通知，需要参加一个在外过夜的课程。通知里承诺这将是一次非常有趣的课程——玩泥巴、可爱的农场动物，有趣的滑索（这都是他喜欢的），但是他却把通知藏起来，想要瞒着我，坚决不去。

我想尽一切办法，想让他改变主意。我聊到他在那里会有多么开心，苦口婆心地提醒他可能会错过的一切，但都没能打动他。我用尽了我的"心理学家工具箱"和"妈妈鼓励"策略，几乎要放弃了。在报名结束的前两天，我感觉被彻底打败了，转身对他说："我记得在我九岁的时候，必须参加学校的一个夏令营，那时我也告诉我的妈妈我坚决不去。事实上，我感到很难过，我那么爱我的家、我的父母和我自己的东西，一想到有一晚没有他们做伴，我就非常伤心。这让我还没去夏令营就已经开始想念这一切。"

我把这个故事留在了超市的停车场中央，然后保持沉默。我没有再说什么"所以，我认为你应该去"或者"这个课很好，我很喜欢"之类的话。没有说服，没有逼迫，没有贿赂或者试图操纵。大约半小时后，我的儿子突然在后座开口说："妈妈，我觉得我可能想要去参加这个活动，我是说可能……"但这就是我们所需要的，他去了夏令营并且玩得非常开心！

是什么导致了这种变化呢？是什么突然让他福至心灵，想要试一试呢？

对我们每个人来说都是这样的，当我们知道我们爱的人真正理解我们的感受时，当我们知道有人"走在我们前面"并且顺利到达终点时，就有信心去做那些艰难的事。

给你的孩子们讲一讲你在他们这个年纪时的故事，把故事讲完就好，让故事留在他们心里，让他们知道自己不是孤单一个人。

特质 11

把游戏当作必修课

我们通过游戏连接。游戏对于发展至关重要,在疗愈和成长过程中必不可少。游戏是孩子们交流的方式,是他们的语言。但是在我们的生活中,匆忙、繁重和超负荷的日程安排让孩子们玩耍的机会越来越少。很多时候我们的养育方式可以概括为:从早到晚地发号施令。

时间	
06:00	"起床了,亲爱的。"
06:15	"真的应该起床了,亲爱的。"
06:30	"我等下不带你就走了哦!"
06:45	"吃早餐,刷牙,带上书包。"
07:00	"你上不上车,我要走了!"
15:00	"有作业吗?"
15:15	"请换掉你的校服,做作业。"
16:00	"你收拾好明天的书包了吗?"

17：00 "洗澡时间!"
18：00 "请把桌子整理好。"
18：30 "晚餐时间!"
19：00 "去刷牙啦。读一本书。为什么你的衣服又扔地板上了?!"
20：00 "睡觉时间。我要关灯了。晚安,好梦。"

一整天都在"做事",没有时间"做人"、连接和娱乐,这种情况太常见了,我们的孩子根本没有茁壮成长的空间,更不用说喘息的时间了。

在孩子的世界里,游戏就是一切。我们应该走出大人的世界,走近他们,和他们一起玩耍。游戏在情绪加工、神经系统调节、沟通、加强人际关系、确保我们的孩子感到被爱和被重视方面都有很大的帮助,还有很多经过研究被证实的好处:

- ✔ 刺激大脑早期发育
- ✔ 提高智力
- ✔ 激发创造性思维
- ✔ 提升词汇量,加强交流和语言能力
- ✔ 更能控制冲动,促进情绪调节
- ✔ 社会技能和共情能力得到加强
- ✔ 改善身心健康
- ✔ 发展解决问题的能力
- ✔ 巩固同伴关系和家庭关系

让你的孩子玩耍——不是有计划、有组织地玩那些死板的游戏，而是让他们真正享受玩耍，并在不经意发生的令人惊叹的奇妙中自然成长。如果你毫无头绪，没有灵感，不知道怎么让孩子玩，这里有一招必杀技：播放韩国说唱歌手 Psy 的《江南 style》，看看会发生什么。你们很可能会一起跳起舞来，甚至这首歌会变成你们穿衣准备上学的一部分。去试试吧！

玩耍的力量

新冠疫情期间，大家的活动受限，我在线上工作，努力满足那些在这个艰难时期里挣扎的人们的需要，帮助他们应对可能会出现的焦虑、抑郁、恐惧、不知所措……结束一天的线上工作后，我完全没有体力和精力与一个在上学中苦苦挣扎的孩子争辩。

更重要的是，我知道治愈任何创伤最重要的一点都是联结，一味地坚持让当时一年级的孩子坐下来，勤勤恳恳地完成他认为乏味的学校任务，只会导致我们之间联结的断裂。

外面的世界如此不稳定、不确定、充满创伤，要想维护我们之间关系的安全，没有比联结更重要的了。因此，大约三天以后，我就让孩子们把作业丢到一边，去重新设计有堡垒的花园，攀爬花园里的每一棵树，用手头的任何材料创造他们梦想的杰作。他们建造、发明、设计、探索和实验，就像没有被我们这些成年人所干扰时，孩子们自然而然做的那样。

四五个月后，在孩子们返校的前两天，我的内疚感开始发酵，意识到我的孩子会不会是唯一一个在"学习"上远远落后的人。

我把他叫到桌子前，拿出他的写字本。他上次书写还是在疫情前，我让他写一个句子，结果令人震惊，在没有任何"练习"的情况下，他的字明显地变小了，字的结构更好看了，并且能够完整地把一个有意义的句子写出来了。

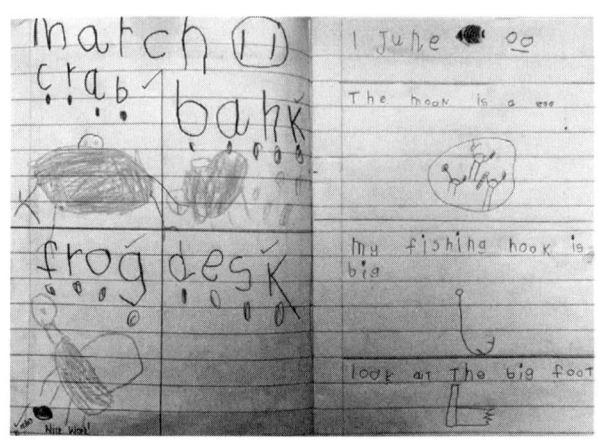

永远不要低估玩耍对于疗愈、联结和支持全面发展的力量，它就像一道神奇的光，照亮所有它接触到的东西。

玩耍是建立关系的跳板

我相信，在你结婚之前（如果你还没有结婚，那就是在你们约会的时候），你和你的伴侣一定经常笑。你们一起玩耍，一起做各种各样的事情。联结和关系建立在快乐的基础上，这是你们建立有意义联结的方式。

而轮到亲子关系，人们对此的看法往往是扭曲的。在繁忙的今天，我们几乎没有时间来玩耍和连接。但是没有欢笑和乐趣，就不可能建立健康的关系。

玩耍是一个孩子的主要语言，实际上，它是我们所有人的主要语言。

如果你的孩子不听话，那可能是因为你没有用他们听得懂的"妈妈语"讲话。不是由我们的孩子来连接我们的世界，理解我们的（成人的）语言，而是我们需要说他们的语言，这对我们所有人来说都是健康的语言。

我知道大家都是忙碌的妈妈和爸爸们，需要同时出现在20个地方。我知道不是所有的事情都能以玩的方式做和说，但是只要能俏皮地做，就一定要去做。我们总是太过严肃。

最好的回忆不是在我们嚷嚷着日常琐碎的命令时留下的。建立连接的过程是有趣的，伴随着这些美妙的泡泡时刻，产生了许多互动，正是在这些互动中形成了心理弹性的基础。

把琐事变得好玩

我相信，当提到日常琐事的时候，许多人都会联想到下面的场景。

要洗的衣物从来不会老老实实地待在脏衣篓里，要么胡乱扔在旁边的地板上，要么躺在脏衣篓的盖子上，似乎这里有一个神秘的结界，把脏衣服挡在外面。再多的乞求、恳请、叫喊或示威都没有用。明明只需要轻轻地拿起盖子，把脏衣服扔进去就可以了，这费什么劲呢？

每天晚上（我是说每天晚上），我看到地板上的衣服时，一股邪火就直冲脑门。有时一部分的我想要大喊，有时我太累了，只是把东西捡起来，放到它们应该去的地方。

后来，我找到了一个改变整个晚上的有趣做法。当我深呼吸几次，调整好自己的情绪，用一种傻里傻气的，假装震惊的声音说："哦，我的天呐！我们有大问题了，有逃犯！浴室里有逃犯！救命呐！快把这些东西放进脏衣篓里！"这时，我的孩子们笑了，急忙帮我把他们的脏衣服放进篮子里。

如果没有这样一个时刻，我会与他们断开连接，我会变得失控，他们的神经系统会进入压力状态，我们谁也好不了。而且，这种应激反应并不能建立心理弹性。

　　"好玩的育儿方式"是否意味着第二天脏衣服就会在脏衣篓里了？或许不会，但我已经把这个小小的家务变成了一件更有趣更容易产生连接的事，就像在孩子小时候，边帮他们刷牙边给他们唱歌一样："我是一只在河马的牙齿上寻找小草的鸟"或"我正在冒着生命危险在鳄鱼的牙齿上寻找难闻的腐肉"。在把游戏加入你的育儿过程中时，得有创造性。

　　在一个混乱的世界中，游戏是一个孩子最有力量的部分。我们应该尽可能多地去追求，只要能以玩的方式做，就以玩的方式做。

> 创造性地玩要求父母有充足的睡眠，且不是在精疲力竭的状态下。对于大多数父母，当我提到"充足的睡眠"这个词时，他们会大笑或者翻白眼，但是我们需要尽一切可能，别把睡觉不当回事、排在所有待做事项的末尾。

> 如果你非常疲惫，就不能在可控的情况下以玩的形式育儿。因为当你睡眠不足的时候，真的很难拥有幽默感。

　　旁注：研究表明，童年时期缺少游戏是导致成年期抑郁、慢性压力相关疾病和犯罪行为的一个因素。这就是游戏的力量。

　　并不是每个人都能自然地跟孩子一块玩游戏，没关系！如果你对于把自己当成孩子一样玩耍打闹感到奇怪和不舒服，这里有一些方法，可能会缓解不知道怎样和他们玩的尴尬。

婴儿（0～2岁）

简单一点，他们最喜欢的玩具就是你。陪他们咿咿呀呀，回复他们的咕咕声，回馈他们的面部表情，用掌声和微笑回应他们的任何社交尝试。这是他们的游戏世界。

观察宝宝被过度刺激的迹象是非常重要的，这意味着现在需要安静的、稳定的连接，而不是吵闹的和令人激动的父母反馈！被过度刺激的宝宝可能会：

- 遮住他们的眼睛和脸
- 哭得很厉害
- 表现出局促不安且易怒
- 表情痛苦
- 把他们的头转走
- 握紧拳头
- 目光呆滞，没有精神
- 不安地挥手或踢腿

这些都表明此时你需要安静下来，放慢节奏——摇晃他们，用安静的声音给他们读书，和他们一起坐在光线昏暗的房间里。

学龄前（3～6岁）

这个年龄的孩子喜欢利用他们的想象力。戴上"面具"（不必是真的），在孩子们玩"怪物抓公主"的时候，扮演那头怪物。拿出黏土，搭建积木，在沙发上摔跤。重要的是，你的孩子是整个游戏的掌控者。我知道，让你被孩子控制是挺难的，但这也是孩子获得力量的来源，因为他们能感觉到，他们的世界确实对你很重要。

小学（6～12岁）

这时可以开始玩更多基于规则的游戏，这会更吸引6岁或6岁以上的儿童。在合理范围内，让他们选择何时玩何种游戏，无论是抓人、篮球、足球、网球、棋盘游戏、乐高、骑行还是烘焙，跟随他们的兴趣，走进他们的世界。在这个年纪，完全放松"做自己"的无组织游戏也很重要。

青少年（13～18岁）

和青少年一起散步、做饭、看电影，做任何他们喜欢的运动。问问他们最喜欢的音乐和社交媒体博主，去了解这些，以走进他们的世界。尽可能多地了解他们的兴趣，不要妄加评判，要有好奇心。当一方感觉另一方在努力参与和理解的时候，就能对所有年龄段的关系带来改变。你可能不喜欢那些偶像的歌或发型，但如果这不会伤害到任何人，就应该保留自己的意见，并对此表现出兴趣。

小词语大影响

我们经常对孩子说一个词，一个非常小的词，但是它传递给孩子们的信息非常强大——"等会儿"。有多少次孩子让我们去做某件事时，我们的回答是"等会儿"？

在我女儿三四岁的时候，我们去莫桑比克旅行，开了一整天的车。旅行是从凌晨两点开始的，而且我一整夜没睡，因为要处理工作邮件，收拾行李，确保有足够的防晒霜、驱虫剂、一个备用急救箱和所有孩子们喜欢的泰迪熊。

当我们终于到达目的地时，已是下午4:30，女儿拿出了一些蓝色橡皮泥。而我在乡村海滩小屋的阳台上找了张吊床，彻底放松下来，沉浸在安宁之中。此时，无论是认知上还是心理上，我都抬不起一根手指去做任何事情了。这时我听到了一个小小的声音："妈妈，请过来玩吧，来和我一起做橡皮泥蛋糕。"

我筋疲力尽，回答说："等会儿，我的宝贝。"

她等了一会儿，然后又问道："妈妈，请来和我一起做橡皮泥蛋糕。"

我又一次回答："等会儿，宝贝。"

在她问了三遍都得到相同的回复后，说了一句我永远都不会忘记的话："妈妈，等会儿是什么时候？"

在那个瞬间，我猛然意识到，她是对的。等会儿，等会儿，等会儿，她在邀请我进入她的世界，而我却在传达（通过我的语言和非语言的动作）我对进入她的世界不感兴趣，我在向她传达，她是没有价值的，她的世界不重要，对她来说重要的事在我这儿根本一点儿都不重要。

我从吊床上站起来，坐到她旁边，做起了蓝色橡皮泥蛋糕。其实我就花了几分钟的时间和她一起玩这个，但让我们都很开心。并不是说我们要随时随地停下自己正在做的事，立刻去加入孩子，但是你可以花时间参与其中。即使你现在实在忙不过来，当他们在你身边玩时，你也可以表现出对此很感兴趣。

少跟孩子说"等会儿"，你说这句话的时候，实际上错过了与孩子们建立联结的机会。总有一天，当他们长大，不再想要玩耍了，这些建立联结的机会就永远失去了。

孩子们的语言

当孩子找你玩的时候，要注意，你需要"下降"或"上升"到他们的水平。如果他们寻求联结未果，最终很可能导致那些你非常不想看到的行为。在桌面游戏、在花园里扔球、捉迷藏、抓人等游戏中花费五分钟，就可以建立联结，比你在孩子崩溃后再去帮助他调节情绪需要花的时间要少得多，或者说，比修复因此而导致的联结断裂要用的时间少得多。玩耍，是强大的，有预防性的。对于和我一起工作的父母们来说，这种认知往往使他们茅塞顿开！

为你自己而玩

你上次感到快乐和欢笑是什么时候？你上次玩耍是什么时候？或许是和家人享受游戏之夜的时候，或许是和朋友们一起去读书俱乐部的时候，或许是和伙计们一起去钓鱼的时候，或许是在给你的狗扔球的时候，或许是拿起画笔的时候，或许是散步的时候，或许是在厨房里跳舞的时候，或许仅仅是哈哈大笑的时候。每当我切换为"游戏模式"时，我会发现自己变得傻里傻气，干些荒唐事。但这又有什么关系呢，无论你需要做什么来玩、娱乐和建立连接，去做。去唤醒你内心的那个孩子，那是你生命中很重要的一部分。

我们的孩子需要知道，作为一个成人，我们没有忘记怎样去玩、怎样去放松、怎样通过笑声彼此连接。无论游戏在成年人的生活中意味着什么，它对我们调节自己，对我们的心理健康都至关重要。所以，多多玩耍，把它作为优先事项提上议事日程，而不是那个"我知道它很好但是我没有时间"的活动。

尤其对于从事教育行业的人来说，在这个充满压力的世界里，我们应该不惜一切代价追求的是游戏，而不是课程。大量研究表明，在游戏中学习有很多好处，包括提高社交技能和记忆力。

和一个人玩一个小时对他的了解，胜过于一年的对谈。

——柏拉图

特质 12

倾听时全身心在场

理解"用心"这个词,对于我们的孩子感受到重视和最终他们能具备心理弹性有很大的作用。当孩子们感到自己真的被听见,自己说的话很重要时,他们就会觉得自己在这个世界上是值得被爱的。

我不敢想有多少次我的孩子们对我说"妈妈,你听到我说的了吗?"或者有多少次我的大脑"咔哒"反应过来,他们在跟我说话。你们知道那种感觉吗,不管他们在说什么,当你意识到的时候他们已经说了好几遍时的那种感觉?

令人震惊的是,研究表明,在醒着的时间里,有 47% 的时间我们的意识实际上并不在当下。第一次听到这个数据的时候,我认为这不可能,但是在我有意识地试着追踪了几天自己的思绪后,我惊恐地发现它是对的。在将近一半的时间里,我们的思绪总是在别的地方,我们在和别人讲话的时候,可能在想着我们接下来要说什么,其实并没有在听对方在说什么;我们在森林中慢跑的时候在想着需要发送的电子邮件;我们用自动驾驶开车去上班,到了目的地却不知道实际的驾驶过程,也不知道沿途经过的事物。我们的大脑经常同时打开至少 20 个标签！

我完全意识到 47% 这个数据是多么准确是有一次我开车时，我突然意识到我的孩子们在后座跟我讲话，并且在第三次讲同一句话！但是我的脑子一直在别处，所以当他们说"妈妈，我在跟你讲话！"的时候，我才沉重地意识到，为人父母的我们是多么容易分心，对孩子们不闻不问，即使我们就坐在离他们不到一米远的同一辆车里。

我知道很多人（我在看着你们，妈妈们！）可能认为你能够一心多用，因为我们在日常生活中经常就是这么干的。但事实是，你做不到！从神经学的角度看，大脑思维不可能同时处在两个地方，也不可能同时完全参与几项任务。

我女儿两岁的时候，我正在厨房里切菜。

她走过来对我说："妈妈，看我。"

我一边继续切菜一边说："好的，跟我说说，我在听呢。"

她回答："妈妈，看我。"

我说："宝贝，我在听呢。"

她又请求了一次，但不可否认的是，这个时候，我们都有点不开心了。

最后她对我说："妈妈，用你的眼睛看我。"

她在两岁的时候就知道，如果我在做别的事情，就不可能真的听到、理解、共鸣她想要跟我说的话。

我们需要学会真正的关注。

因为我们能给孩子最好的礼物，不是能给他们买什么，而是我们与他们在一起，我们的全副身心都与他们在一起。

正确对待电子设备

电子设备将我们与家以外的一切人和事联系起来,如果你家和我家一样的话,"谷歌先生"每天至少会出现一次,取代了20世纪80年代令人信赖的百科全书。

电子设备为我们提供了大量的信息,但也可能带来极大的危害。它能把我们与远方的每个人联系起来,也能轻易地让我们与同住一个屋檐下的人断开联系。

每当我们和孩子们在一起的时候,无论是玩游戏、出去玩、聊天还是吃饭,手机"叮"的一声,我们和孩子们的连接就断开了,我们的注意力就直奔手机而去。这其实就是在向孩子们传达,"现在手机比你更重要"。

作为一个社会人,我们不可避免地会沉迷于"叮""赞"或者其他让我们觉得外界需要我们的东西。但这并不是我想传达给孩子们的信息,因为如果这就是孩子们的感受,那就充分说明了他们的价值并不高。(妈妈真言:有时我下班回到家,会锁上自己的手机,并把它放远一点,因为社交媒体上总是有消息、工作或其他事情,让我无法与孩子们进行连接。)

> 西方禅宗老师、作家兼太平洋禅学院院长约翰·塔伦特说:"关注是爱最基本的形式。"这句话用在亲子关系中再恰当不过了。正念时间意味着此时此地在这儿,我知道这有多难,但是,在这些时刻把其他事情放一边,让孩子知道我们和他们在一起的时光是非常重要的。通过我们在这些时刻的行为和选择,他们会非常确定,我们选择了他们。

♥ 爱的语言

"爱的语言"一词由美国作家盖瑞·查普曼提出,指的是人类在人际关系中接受和表达爱的方式。我们每个人的"爱的语言"都不同,具体包括:肯定的语言、精心准备的某些时刻、礼物、主动效劳和身体的接触。孩子也有他们自己的爱的语言,而且可能与我们的完全不同。理解这一点非常重要,因为有时我们觉得自己爱孩子胜过生命,但是孩子们却完全感受不到,这就是因为我们可能完全搞错了重点。

理解你的孩子所说和所听的是什么样的爱的语言,是一个非常重要的收获,每一个孩子都有他们自己独特的组合。很多人都会有一个主要的爱的语言,同时也会"说"一到两种其他语言。从下页的举例中可以看出,所有的想法都可能在你和你的孩子之间建立有意义的连接。

我儿子主要的爱的语言是身体的接触,他喜欢拥抱,每晚至少要把我叫回他的床前拥抱八次。他喜欢背上被拍拍的感觉,经常假装随意地经过我们的身边,然后大喊:"家庭拥抱!"我知道,当我走过他身边的时候,停下来"报到"并拥抱一下,对他来说意义非凡。他还是一个喜欢礼物和乐于助人的孩子——这些都是他独特的爱的语言组合,也是他表达和接受爱的方式。

我的女儿主要喜欢那些精心准备的时刻,如果你是一个非常忙碌、工作压力很大,或因其他原因而无法全神贯注于孩子的父母,这将会是一种更难表达的爱的语言。它需要你频繁地停下手头的事情,确保孩子和你在一起时,他们知道在那一刻没有什么比他们更重要了。当我们做到这一点时,孩子们的感激之情就会溢于言表。

有一次我们一家人在海滩度假,我需要先集中注意力处理完一些紧急工作,这样我就可以彻底关上笔记本电脑,和家人好好度过剩下的假期了。我跟女儿说等我处理完手头的事情就去海里游泳,她耐心地等着。一段时间后,我意识到一时半会儿干不完,于是我合上电脑,放下焦虑,拉起女儿的手,说:"我们走!"

我看到大大的笑容从女儿脸上绽放。当我们潜入水中,跃过波浪时,她抬头看着我,拉着我的手郑重地说:"妈妈,非常感谢你来和我一起游泳。"

一个小小的举动,毫不分心地和一个小女孩度过的一个小时,让她感受到了爱和重视,这些事情很重要。

以下这些方法可以帮助你用爱的语言和孩子沟通:

身体的接触

- 靠近你的孩子。
- 多一些身体上的亲昵,触摸,拍拍背和拥抱。
- 讲故事时搂着他们。
- 握手和击掌。
- 经常性的家庭拥抱。
- 一起挤在一张大椅子上。
- 玩像扭扭乐一样的游戏。
- 参与家庭活动,比如有趣的枕头大战和摔跤比赛。

肯定的语言

- 每天以尽可能多的方式说很多次"我爱你"。
- 在孩子的点心盒里留便条。
- 注意到关于他们的独特的事情,并告诉他们你所看到的。
- 用特别的昵称或爱称叫他们。

✔ 即使任务没有按计划进行，也感谢他们的努力和坚持不懈。

✔ 把鼓励的便条留在他们的枕头下或贴在镜子上。

✔ 在其他人面前夸奖他们。

✔ 对别人说你孩子的好话（要大声！），让你的孩子能听到。

精心准备的时刻

✔ 熄灯后花 10 分钟互相倾听和交谈。

✔ 设置亲子日，并让他们看到你在记录这些日期。

✔ 为他人跑腿帮忙的时候带上你的孩子。

✔ 当他们来找你的时候，暂时放下你正在做的事，专注在他们身上。

互赠礼物

这是一种更容易讲的爱的语言，尤其是对于忙碌的家长来说，但是要知道，它太容易变成父母用的唯一一种语言了，这样会导致孩子一点也感觉不到爱。

✔ 找一些你认为孩子会喜欢的小东西带给他们。

✔ 为他们做一些手工小礼物。

✔ 在散步时捡一些不寻常的石头或贝壳。

✔ 从花园摘花送给他们。

✔ 做他们最喜欢的晚餐和点心。

主动效劳

✔ 帮他们拿沉重的书包。

✔ 给他们泡一杯茶。

✔ 和他们一起写作业。

✔ 主动提出帮他们完成一项任务或家务。

✔ 晚上帮他们盖好被子。

这些小小的举动对孩子真的很重要。找到你孩子的主要的爱的语言，承诺每天都把那种语言"讲"给他们听。

爱的语言的定义就是，找到与孩子沟通最有效的方式，使他们能感到爱、重视和支持。

❤ 爱之桶

你有没有问过孩子，是什么让他们觉得和你连接最紧密？是什么填满了他们的爱之桶？

我的生活大多数时候都是疯狂而忙碌的，因此我的任务就是最大限度地延长与孩子们的连接时间。老实说，当我们匆忙地奔波于典型的"日常混乱"中时，这种连接几乎是不可能发生的。

当我们感到匆忙而紧张时，更倾向于"刚巧连接"（如果有的话）而不是用心和有意义的连接，尽管偶然发生的连接美好而奇妙，但是我想要给孩子们更多——我想要与他们建立更坚固的关系。

而在匆忙中我们失去了连接，每个人都陷入了困境——更多的失调，更多的挑战性行为，更多的同胞竞争，更多的边撕扯头发边努力保持深呼吸的时刻。所有这些都是必然发生的。

我想要确保孩子们的爱之桶每天都被填满了。（并非我认为他们的需求是这样的，而是他们的爱之桶就必须是满的。）

附注：他们的现实可能与我们的假设非常不同（#只是说说）。

前段时间，我和两个孩子坐在一起画了"爱之桶"，然后把这些画作为每日提醒贴在冰箱上,不是提醒他们——是提醒我,什么时候我的孩子感到了最深层次的连接?

以下是我们聊天的内容,我对此做了一些"成人解读":

- ✔ 心无旁骛,一起度过快乐时光。(不可否认的是,这些欢笑和脆弱的瞬间,能够产生深层次的连接。)
- ✔ 被赋予责任并因履行责任而得到认可。(这里我们在讨论带给我们快乐的东西。)
- ✔ 身体上的亲昵。(顺便一提,当我问他们,在他们"挑刺"的时候其实是需要什么时,他们都说,无论他们怎么用力、怎么表演,始终都是想要拥抱,想要我陪在他们身边。这也是我们大人从神经学的角度学到的,拥抱和陪伴能够调节失调的大脑。)从一个孩子的嘴里说出来的!(#不用再说了)
- ✔ 安静地、一对一地,深入对谈。
- ✔ 心无旁骛的时间。(是的!孩子们真的把爱拼写为"T-I-M-E"。)
- ✔ 认可他们是谁以及他们做了什么。
- ✔ 家庭时光。
- ✔ 当我们都很善良的时候。(因为我们都知道充满阳光的善良让我们感到多么快乐!)
- ✔ 哦,当然,动物使者的首要任务总是"和动物们在一起"。

所有美好的爱的语言都在一个桶里,从我两个了不起的孩子的口中和心中清晰地表达出来。

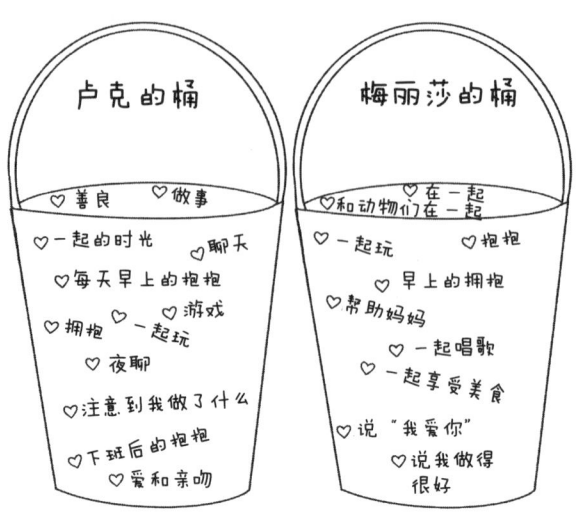

问问你们的孩子,什么会填满他们的爱之桶?在这个匆忙赶路、马不停蹄的纷乱世界里,确保你们每天都能装满这个桶。积极的"溢出"将对你家的每一种关系都产生深远的影响,最重要的是,将对你的孩子与他们自己的关系产生深远的影响。

关于孩子使用屏幕时间的说明

有一些很多父母想要避而不谈的事(也许很多都是房间里的大象*),但正是这些事对我们与孩子们的连接质量起着至关重要的作用,所以我必须提及——无论多么简短。

我不会跟你讲,你的孩子应该或不应该看多久的屏幕,太多的书、互联网上的信息可以为你提供无数种不同的意见。我要做的是,根据我

---

*房间里的大象:指人们对显而易见、不可忽略的某种事实选择刻意回避、视而不见。——译者注

的治疗工作经验、我读到的研究著作和我作为母亲的经验，给你一些思考。

作为一名家长，我非常理解有时候好像只有当孩子黏在屏幕上时，你才能喘息一会儿。根据孩子的年龄，让他们有一定的屏幕使用时间，观看与他们年龄相符的内容并没有什么问题。但是，如果你的孩子还不到两岁，专家们基本会建议你不要给孩子看屏幕。我曾遇到一对父母，他们的孩子只有18个月大，但是有自己的手机和iPad，我只能说，这对孩子各方面的发展绝对是有害的，而这本可以避免。

盯着屏幕玩游戏对孩子们来说很有趣，也很容易上瘾。孩子们很容易沉迷于这个世界，也很难从中解脱出来。

在这里，我真正想深入探讨的是屏幕时间和儿童心理弹性水平之间的关系。我们知道，心理弹性的基础是连接，这里说的是面对面的人际连接——而不是在线的屏幕连接。当我们感到安全并与他人建立连接时——当他们实际出现在我们面前的时候，我们的神经系统就会发生调节。

新冠疫情期间，我们所有人盯着屏幕的时间都比以往高出很多，所有年龄段的社交焦虑也都达到了历史最高点。对于很多人，尤其是对于那些有焦虑倾向的人来说，这为他们社交焦虑的爆发埋下了隐患。我们越是断开连接，越容易盯着屏幕，也就越难打破这个恶性循环。

几年前，我参加了一个关于屏幕成瘾的会议，尽管了解到的事实触目惊心，但也发人深省。来自世界各地的精神科医生都表示，由于屏幕会对神经系统造成影响，他们宁愿接待海洛因成瘾者，也不愿接待屏幕成瘾者。过度使用社交媒体比药物和酒精的滥用更难解决，因为它更具吸引力，而且不存在相应的社会污名化，这就使得治疗更加困难。很多应用程序设计的目的就是为了让你一直沉浸其中，成人都很难避开，更不要提我们的孩子了。

过度使用屏幕会导致大脑长时间地处于高唤起状态。在打游戏时，我们的大脑分不清现实和游戏场景，就像真的置身游戏中一样，产生相同的压力循环，释放相同的压力荷尔蒙。这会极大地增加一个人持续保持"战斗或逃跑"状态的可能性，即使在结束游戏之后。

每个人的"战或逃"状态可能不同，但是你可能已经注意到孩子过度使用屏幕后可能会出现以下症状：

- 更多的失调，更多的崩溃
- 易怒
- 更高水平的广泛性焦虑
- 更具攻击性的倾向
- 抑郁

过度使用屏幕还可能造成以下问题：

- 肥胖
- 失眠等睡眠问题
- 冲动
- 社交困难
- 学习困难
- 专注困难

关于心理弹性和建立连接的另一个大问题是，当我们的孩子被屏幕吸引时，我们就无法知道他们的内心世界里发生了什么。尤其当他们内心的混乱压倒一切，正向着绝望的深渊走去的时候，我们都无从知晓。我们不知道在他们的同伴关系中发生了什么，不知道他们什么时候会自爆。我们无法在日常生活中看似琐碎的时刻制造记忆，而这些时刻对于塑造心理弹性最坚实的基础是多么重要啊。我们也不知道他们什么时候需要帮助，如果无法在日常的相处中观察到一些蛛丝马迹的话，等待我们的将会是一个黑暗的兔子洞（未知而不确定的世界），里面充满了作为父母不得不冥思苦想去揣测的事情。

你可以自己决定屏幕时间，但要清楚地意识到它的危险性、对连接的破坏以及由此对孩子的心理弹性造成的影响。

丢掉"永远不会……"的想法

在你认为孩子永远不会被网络世界的危险卷入之前，我要声明，有无数的家长在我的咨询室里边哭边说："我从没想到这会发生在我孩子身上……"在游戏和社交媒体的网络世界中，一切皆有可能。但要知道，提升你在这方面的认知，并积极主动地干预，将会带来巨大的不同。

晚餐时间

屏幕使用时间使我们所有人远离家庭连接，而有一项日常活动却恰恰相反。有一些建立连接的机会常常最容易被忽视，但最有力量，那就是我们一家人一起度过的看似无关紧要的时间，晚餐时间就是其中一个。

我有一个很重要的问题：你们一家人一起吃晚饭吗？

这是一个被广泛研究过的领域，有些人就一家人一起吃饭的好处写了一整本书。但把最重要的优点集中为一个，就是：如果你们不一起吃饭，就有可能错失了了解孩子内心世界的重要机会。

小心那些借口。比如，"我丈夫回家太晚，那时孩子们早就吃过晚饭了，我们都是在他们上床睡觉之后才吃"。

选择一顿饭大家一起吃，让它成为现实，不要找借口。

这是让他们聊聊今天发生了些什么的好机会——否则你永远不会知道。对我们大多数人来说，忙碌的日常生活里，这是我们与孩子制造合适的眼神接触的最好时机，也是许多家长与孩子在一天中第一次进行连接。

这往往是你了解到他们正在面临何种挑战的最好时机，如果有任何需要解决的问题，这也是你能最先发现的时机。如果他们的生活不太顺利，你很可能从他们吃饭（或者不吃）的方式、他们的肢体语言、他们所说的（或不说的）话以及他们如何说中意识到这一点。

十分钟的力量

研究一次又一次地表明，当家长每天花10分钟与孩子沟通时，就能扭转亲子关系。10分钟不受任何事、任何人干扰的时间——就够了。

大多数日子里，我们东奔西跑，感觉每天的时间都不够用，所以要拿出10分钟也感觉很多。这感觉就像是在日常待办事项里又加上了一条"要成为好家长就必须打钩"的清单，听起来让人难以承受。

在我们家，当我们开始感觉所有人都要打破失调的晴雨表时，兄弟姐妹之间的争斗已经超出了我的容忍水平时，或者我当了太多次的"妈妈沙袋"时，我知道扭转局面最快最有效的方式是，找到10分钟的时间，心无旁骛地和我的每个孩子进行一对一的交流。当你有一个以上的孩子需要照顾、有晚餐要准备、有工作邮件要处理时，挤出这 10 分钟的时间的确有些困难。但相信我，当你和孩子的关系需要一些额外的、快速的处理时，这 10 分钟就像一个应急创可贴，有非常神奇的"止血"效果。如果你不能每天都做到，尝试每几天甚至每周一次。最重要的是，你的孩子要完全意识到，时间是属于他们的，是神圣的，不会有任何事情夺走你的注意力，你的手机不能，你的配偶不能，他们的兄弟姐妹不能，微波炉的"嗡嗡"声不能，水壶的"呜呜"声也不能——在这 10 分钟里你 100% 是他们的。

我们常常想要主导孩子们的玩耍或是引导与孩子的对话，但是要注意：在这 10 分钟里，我们应该保持零期待。比如，我们将要玩什么或做什么，孩子们的反应应该是什么，整个互动应该怎样进行，我们应该怎样帮助他们搭建乐高积木或毯子堡垒。在可能和合理的情况下，我们要尽量保持沉默，控制自己想要尝试主导的欲望。

让你的孩子主导游戏，而不是你。让你自己在他们的引导下，做他们想要你做和需要你做的事情。让他们选择活动并决定你的确切角色，走出你的世界，走进他们的世界。

期望是一切混乱之母

期望是我们所有人都会在某个阶段经常陷入的泥潭。在我们养育孩子与和孩子互动的过程中，我们对孩子的言行举止抱有期望，或期望着我们在一起的时光是多么美好。期望导致失望，期望剥夺了"现有的一切"，把我们的目光聚焦在了"没有的一切"上。

"现有的一切"本身就有其美丽之处，但是当我们专注在我们的孩子应该成为谁或什么样子的时候，我们就完全错过了它。下次你和

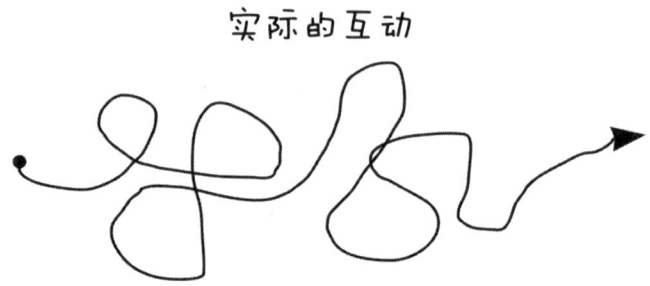

当我们的期望缺乏灵活性时，我们会变得失望，并错过许多潜在的连接瞬间。

孩子因为任何原因互动或沟通时，请放下所有的期望。当我们能够做到这一点时，就能迎来一些不可思议的连接时刻。正是在这些零期待的时间里，当孩子们感受不到压力，不需要以某种确定的方式表现时，当孩子们不再觉得他们需要成为自己以外的人，才能被接受、被爱和变得有价值时，神奇的事情就发生了。

这就是建立心理弹性的有力基础。

特质 13

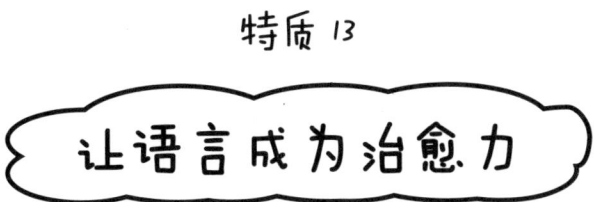
让语言成为治愈力

> 你对孩子说话的方式是塑造他们个性和自信心的最大因素。
>
> ——博恩·崔西

我们对孩子们说的话反映的不是孩子们的事情,而是我们的看法。

有多少时候,当你脱口而出一些话时,你很快意识到这些话与孩子无关,而是与你的愤怒、你的问题有关?或者这些话是你小时候经常听到的话?我们传递的不只是我们的语言——我们传递着一切,包括我们的语气和肢体语言。而我们的孩子对这些小事非常敏感。

> 对孩子说话时，要把他们当作地球上最聪明、最善良、最美丽、最神奇的人。因为他们相信什么，就会成为什么。
>
> ——布鲁克·汉普顿

你的孩子从小就从你说的话里认识自己，并成为这样的自己。说话的方式永远不止一种。问问你自己，你说的话以及说话的方式是在培养他们，还是在打击他们？

在我儿子大概 4 岁的时候，一个星期天下午，他想要赚点零花钱，所以来问我是否可以帮我洗车。作为一个总想额外赚点钱、总有各种层出不穷的计划、总有"企业家思维"的孩子，当我同意时，他非常激动。

于是他花了好几个小时来洗我的车。想象一下，一个四岁的孩子和一块海绵、一个桶、一根水管和一辆沾满泥（通常是白色）的车，奋斗了一个下午的场景。

当他完成的时候，他无比激动地跑进来，自豪地说："妈妈，妈妈，来看，来！"

我站在门口拍了几张照片，因为我为他坚定的决心感到骄傲。

我本来可以说（作为成年人的第一直觉就是说）："做得真好，亲爱的，但你看这些泥巴印子，还是让我来拿桶把它弄干净吧！"但我把这些话吞了回去，相反我说："你为此付出了很多努力，我的孩子，太谢谢你了。"

他高兴极了。我的车上有泥巴印子重要吗？不，不重要。我只要第二天去修车厂，让他们把挡风玻璃清洗干净就可以了。比这重要得多的是，因为他做成了一件事情，他为自己感到如此自豪。

积极的力量

我们对孩子说的话完全决定了他们对自己的感觉是否良好，这些话可以击垮他们，也可以造就他们。所以，我们在说之前都需要仔细想想。

你养育孩子的重点在哪里？是在"能做"还是"不能做"上吗？是在你的孩子能做什么上吗？

我总是问我自己，"这真的重要吗？"并以此作为指南，判断是否所有的行为都需要一个回应。他们做了什么？他们说了什么？这真的重要吗？

很多时候，我们对孩子的反应，我们打击、批判、评价他们的部分，其实并不重要。我们的关注点需要放在"能做"上，因为这是孩子看到自己的方式。我们很容易陷入只看到负面信息的重复循环中，我经常在咨询工作中看到这种情况。那些家长仅仅看到了负面的东西，而你越去看负面的东西，你看到的负面事物也就越多。但同时，反过来也是对的，我们越去注意积极的一面，看到的积极事物也就越多。

作为父母，我想要看到，在世界向我的孩子们展露它真实的面貌之前，无论是美好的还是狰狞的，我已经向他们强调了他们自己的优点。

打破循环，开始关注积极的一面，不要只盯着那些困难。不论你的孩子表现得多么"糟糕"，也总有很多积极的方面。还是那句话，孩子们从来都不是故意"犯规"的——这真的只是在传递一种信息。

我对学校报告的认识

 声明：如果你是学校校长或教育工作者，请相信我曾经也是一位教育工作者，也曾花很多时间写学生报告，因此我非常理解我接下来要说的话可能会被误解。

这是我的"妈妈真言"：当期末学生报告通过邮件寄来时（甚至在以前用纸质信封寄来时），我都不会直接打开。为什么？因为无论上面写了孩子什么，都没有我和他们之间的关系重要，任何报告中的文字都不能等同于我的孩子这个人的总和。

当我的儿子在 R 年级时，他的老师写了一份评语，说他上课坐不住，经常站起来看周围他感兴趣的东西。然后从未进过班级的校长（人很好，但是从未坐下来长时间地观察过我儿子），写下了"表现很好，但是需要学会坐下来"的评语。

在我的工作中，我阅读过大量的学校报告，经常见到这种复制—粘贴的评论方式，这些评论来自那些好心的校长，他们没有时间（可以理解）近距离地观察几百个孩子，所以他们会浏览老师们说的话，并最终用他们的权威来总结。换句话说，他们没有写下任何东西，只是在报告上签字，在右下 45° 角处机械地盖上了椭圆形的学校印章。

在看过对我儿子的那篇评语后，我在晚餐桌上像鹰眼一样紧盯着他，每次他在椅子上正常地移动自己的屁股，我就会说："亲爱的，坐好了，不要动！"

我很快意识到这种训诫的荒谬性，于是给自己打气：他在做一个孩子应该做的事，他不是一个机器人。

我的"鹰眼"是对我读过的一个小小的、未经证实的评论的下意识反应，但是我们的大脑即使在我们不想要它时（尤其当它是负面的），也能够惊人地聚焦在上面。那一刻，我决定，我绝不会让任何其他人的语言破坏我和孩子们之间的连接，也绝不让别人的话决定我对他们行为的关注或我对他们的反应。

附言：教育工作者们，我再次感谢你们花时间完成学生报告，这不是针对个人的，而是我为了和孩子们良好的关系而设置的个人界限。我也知道，如果有紧急问题需要介入，你们会把我叫来见面商谈。我非常尊重老师们。

归属感

我的小男孩在学校功课方面往往很吃力，用他的话说："妈妈，我不喜欢学校但是我喜欢我的学校。"他是想说，虽然学校的功课很辛苦，但是他爱学校的理由远多于此。对任何人来说，培养心理弹性的一个非常重要的因素，就是让他们在一个有归属感的空间里。

让我们暂时回到"生长出强壮的根部，我们的孩子才能发展出心理弹性对抗生活的风暴"的比喻中吧。这些强壮的根部要生长，就需要好的土壤——让他们的根部茁壮成长的土壤。只有这样，他们才能够深深地扎下根来，和同伴建立稳固的关系，在周围人的接纳中获得价值感和良好的自尊。当我们所处的环境让我们感觉自己没有被完全接纳，没有归属感的时候，是无法实现这一点的。

最近几年，我流了很多泪，也从中学到了做母亲的一课，那就是你的孩子现在栖息的土壤可能是你一直以来希望孩子拥有的一切，比如，一所吻合你的家庭价值观、拥有出色的教育工作者、你认为最适合孩子的学校，也许并不适合他。

这并不意味着你的孩子有什么问题，也不意味着土壤是有毒的。树蕨和仙人掌都很美丽，都具有茁壮成长和开花的潜力，它们也都是独一无二的，但需要在不同的栖息地扎根，这样才能成长到可能的高度。也许只是它们与环境不适配。

学习困难与心理弹性

如果你的孩子在学校有困难，就像我的两个孩子一样，在各个方面都有困难，那么，通过你的关注，帮助他们看到自己在其他方面的长处和天赋，并在这些方面鼓励他们就更加重要了。他们通过你的眼睛看世界和他们自己，所以努力去帮助他们总是先看到最好的一面。这并不意味着你的孩子不需要去提升自己，但就学习上的困难来说，你对他们的不断支持——不去评判他们——以及额外的干预类似补课这样的附加帮助是非常重要的。但是，想要获得成功，并确保你的孩子在面对这些挑战时保持健康的自尊心，更重要和更关键的是，他们需要首先看到自己的长处。顺便说一句，当我们聚焦在长处上的时候，短处似乎也会得到改善。

标准的教育体系往往提供了一个非常狭隘的观点，孩子们从很小的时候就清楚地知道，"智力"是以学业成绩来衡量的，他们在学校系统中的价值仅仅靠分数来体现。

我们的孩子比这个狭隘的观点要大得多。一些学校少见地重视孩子们所有的特长，注重对孩子的全面认识——从情绪智力（以及同情心和善良等品质）到文化和技术方面的特长。遗憾的是，大多数学校仍然在灌输这种保守的观念，这种思维模式不考虑大脑令人惊奇的成就，也不关注我们人类发展的其他领域。

作为父母，我们需要知道并且接纳不同类型的智力和长处。我的孩子们总是感觉他们"与众不同"，他们知道自己不擅长学校里的某些方面，但他们同样也知道，他们脑子灵活，更重要的是，他们拥有善良和爱心。有了这一点，加上他们对学校拥有的归属感，让他们无论如何都能茁壮成长。

大多数情况下，他们欣然接受自己本来的样子，不与周围的人比较。我最近和儿子在车里聊天，聊到他那么擅长做计划，有那么多脑洞大开的发明创造，几分钟后，他在后座上大声说："我喜欢我自己，妈妈。"

我默默流下了"妈妈的眼泪"，作为父母真的需要知道，不管孩子决定成为什么样的人（不是我们决定他们应该成为的人，也不是在我们的压力和期待下成为的人），他们都会爱自己。

看到孩子身上的"哇"

我的手腕上戴着一根便宜的褐色塑料带子，上面曾经印着"永远"这个词，但是在很久之前就磨没了，我一直没有摘下它是因为它对我意义非凡。这是我儿子拿一枚硬币，从一个玩具胶球机上换来的。他兴冲冲地跑到我这儿，把手环交给我说："妈妈，我希望它说的是'永远的爱'，因为我会永远爱你。"他就是这么贴心。

他也会收集我扔到回收站的破烂电器，带回来修好。前阵子，他来找我说："妈妈，我遇到一个问题，我鱼缸里的灯不亮了。"

我说："哦，这是一个问题，亲爱的。"我心急如焚，知道自己不可能现在去给他买一盏新灯，而且接下来就是新的忙碌的一周了。

五分钟后，他叫我说："妈妈，来看。"我走进他的房间，他说：

"真相时刻。"

他把鱼缸盖翻开,一个遥控汽车的发动机被用胶带和橡皮圈粘在那儿,我不知道我要看什么,但是他又一次说:"真相时刻。"

他把灯打开,鱼缸就亮了!我目瞪口呆,说:"我的孩子,你到底是怎么做到的?说实话,我想不出来。"

他回答说:"我只是把这些电线和这个小发动机连起来,然后启动它一下。"

我仍然不理解他做了什么,但无比惊诧于他的大脑是怎么创造、制作、发明以及,以及,以及……作为一个家长,我应该看到、注意到在"以及,以及,以及"中反映的那些惊讶,我应该在孩子进入社会之后碰得满头包,觉得他们自己可能一无是处之前,多在孩子们身上看到"哇"。

经常问问你自己这个问题:如果孩子通过你的眼睛看他们自己,他们会看到什么,感受到什么呢?

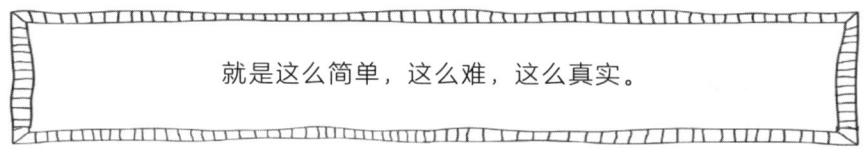

就是这么简单,这么难,这么真实。

到底是什么让你失控

我们都会大喊大叫,我们都会失控,我们都是人。在一天紧张的工作后,我们都会一触即发,变得失调。但是,如果你意识到,在家里发脾气和大喊大叫已经不只是偶尔发生,那么你需要引起重视了。

大喊大叫意味着失调,研究表明,在父母经常大喊大叫的家庭里,孩子们的自尊会受到负面影响。

我们大喊大叫不是因为孩子的行为，而是因为我们失调，不能控制自己的情绪状态；我们大喊大叫是因为我们压力过大，或者没有每天进行必需的自我照顾，来给自己加油；又或者，我们忘记了如何"呼吸"，或是因为我们还没有与童年创伤和解。

你可能注意到我没说过一次"因为你的孩子这样或那样……"，因为这是我们的事情，我们的反应与他人无关。不管你是被人当面摔门而出、被人翻白眼、被人把食物扔到工作服上，还是被人在背后说三道四，这都不重要。

关键在于我们选择如何反应。每一次，当我们确保自己在积极地进行调节，并且知道"这不是针对我个人的"，就能在那一刻展现出强大的自我，变成孩子需要我们成为的人。

我家和女儿的学校之间有一条通向小山的、蜿蜒的单车道公路。有时我接送女儿会迟到，也许是我睡过头了，也许是她没能起床，也许是准备学校的午餐多花了一些时间，又或者我在匆忙出门的最后一刻又想起忘拿什么。

不管怎样，我们马上要迟到了，我们得赶时间。结果，我压力过大，失调，在驶上那条弯弯曲曲的单行道时，我被一辆生锈冒烟、看起来有30岁、时速不过30千米的老爷车别在后面，一直没办法超过它。

红色的怒火正在内心升腾，我的失调状态正在急速加剧，心悸、呼吸急促、紧握方向盘的指关节发白。但是问题不在于车，车没有造成我的慌乱，是我自己造成的！

第二天我开车沿着那条相同的弯弯曲曲的单行道去接女儿放学。那天特别顺利，我早上睡了一会儿，丈夫做了孩子的午餐，我在床上边读我最喜欢的书籍,边喝了一杯咖啡,我还给自己做了一个足疗和按摩,并约老朋友吃了个早餐。

离女儿放学还有半小时,我出发去接她了,这时,我又碰上了那辆老爷车慢悠悠地卡在我前面。但是没有关系,今天我有时间,而且我的状态良好。

相同的情况,相同的车,相同的速度,唯一不同的是,在第二种情景下,由于我不同的情绪和状态,我没有崩溃,没有落入失调的深渊。

导致我们做出反应的不是某个情境或者他人的行为,我们自己和我们所处的状态才是关键要素。不要为此感到无助,这实际上是一件好事。因为我们无法改变他人的行为,也无法控制生活的方方面面——比如一辆 30 岁的老爷车卡在我们面前。

育儿甜甜圈

在心理学中经常使用一个概念,叫做"控制圈"。这一概念最初是由史蒂芬·科维(美国管理学大师、作家、演说家)在 20 世纪 80 年代提出的,它形象地描述了我们在生活中影响到的事物(影响圈)和生活中我们关注但是影响不大的事物(关注圈)。后来这个概念被简化为控制圈——简单地确定生活中我们可以控制和不能控制的领域。接下来是一个非常有用的练习,因为我们大部分的心理能量总是集中在我们无法控制的事情上。当我们把控制圈做成一个图时,更容易改变我们的注意力,释放一些当我们无能为力时所感受到的压力。

我把这个育儿版的"控制圈"叫做育儿甜甜圈,听起来更方便,也更有吸引力。

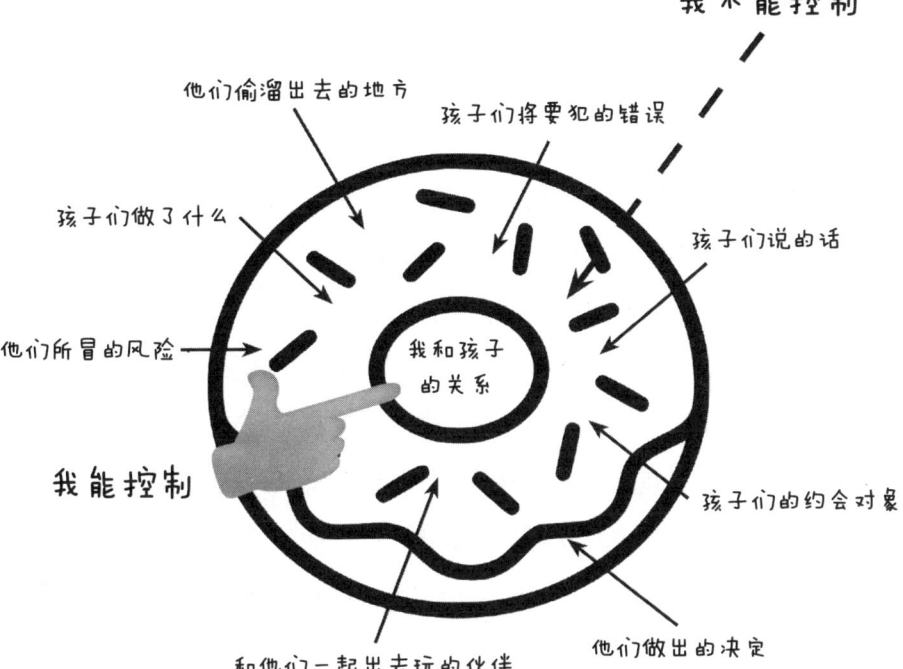

育儿甜甜圈

为人父母，最大的打击之一就是意识到我们不能控制孩子，也不应该想要去控制他们。不管他们多大，都是自己的主人。

至于育儿甜甜圈外面易碎的部分？深呼吸，深呼吸，深呼吸，然后随它去吧。外圈的这些事情你一件都控制不了，过分关注它们只会让你和孩子之间的连接断开。

重新定位，把目光聚焦在你唯一能够控制的事上，那就是你和孩子的关系。"关系"和"控制"这两个词不应该出现在一个句子里，它们是互相矛盾的。一段健康的关系是参与其中的人错综复杂的共同舞蹈——但是，没有控制，没有强迫，没有威压。

尝试去控制的根源在于恐惧。在育儿过程中，有太多东西让我们感到十分无力，而强行掌控局面的诱惑是很大的。

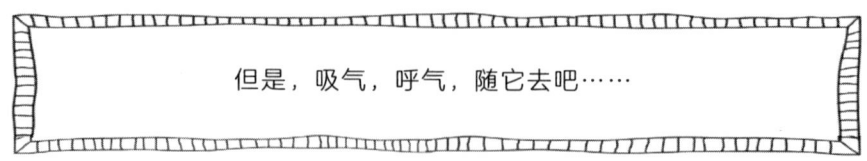

但是，吸气，呼气，随它去吧……

无论你的孩子仍在蹒跚学步，还是已经成年，你能控制的唯一因素就是你自己。你能控制自己的反应、言语和行动，疗愈自己的创伤，以及与你的孩子们之间建立连接的质量和深度。

当你只专注于这段关系，当你们之间的纽带足够牢固，你将永远是一座灯塔。你的孩子将离开安全的港湾，去狂风暴雨的海上冒险。这也许会吓得你魂飞魄散，你会想要拉住他们，绑紧绳索。但是，独自去惊涛骇浪中冒险对孩子的发展非常重要，这样他们才能脱离我们，成为独立的自己。如果你始终如一地做着灯塔，放开控制吧，始终专注在关系上，小船总会回到安全的港湾。

做任何你必须去做的事（包括不去做和说那些你本能想要去做的事），来保护和建设你们的关系。

抛开脆弱的外环吧，因为专注于它会让你们的关系分崩离析。海上风高浪急，生活总是如此艰难，继续让内圈的灯带来光亮吧。

茧思时刻：我是否把太多能量放在了生活中我无法控制的层面？什么事情花掉了我大量的心理能量，我需要学会放手吗？这样思考能让你把更多的时间和精力放在培养孩子心理弹性最重要的层面上——你和他们的关系。

21 天育儿感恩实验

也许你在想："娜奥米，你不了解我的孩子，我现在看不到他们有任何优点。"

我知道，如果你在读这本书，那么你是一个关心孩子的家长，想要和孩子建立深厚且紧密的关系。每天只需要花不到五分钟，做下面这个练习，你甚至可以舒舒服服地躺在床上做。在你的床边放一个记事本，每天晚上思考并且记下孩子做的三件积极的事，不是他们取得的多么大的成就，也不是他们表现得多么优秀的"好行为"，而是那些小事。仔细观察，坚持 21 天。

比如：

- ✔ 我还没有提出请求，你就帮我把东西拿进去了。
- ✔ 你努力完成作业，没有感到沮丧。
- ✔ 今晚在餐桌上你问了如此有趣的问题。

无论你决定与孩子分享这些观察，还是保留记事本用作个人反思，都会发现，作为父母的你，你与孩子的关系发生了不可思议的转变。当你不带期望地与孩子互动或观察孩子时，就会发现他们身上的奇妙之处，不是你期望他们成为的人，也不是你认为他们应该成为的人，而是他们自己。

这会对他们的自尊和心理弹性产生深远的影响，因为当你注意到他们的善良、创造力、乐于助人和意志坚定等品质时，他们就会看到自己的价值，把自己当做这个世界上不可或缺的一分子。

当你做这个简单的练习时，会发生一些强大的事情，因为你练习得越多，你的思想就会越自动地去关注积极的一面，而不是消极的让你对孩子失望的东西。它将打破你只看到负面事物的恶性循环，让你越来有意识地去关注和吸收那些一直存在的美好的事物。我们有时候只需要换个镜头就能看到它。

这本记事本还可能成为一本珍贵的回忆录，让你读了又读，每次读都会会心一笑，时不时地读给孩子们听。当他们知道父母花时间关注他们时，脸上会亮起一道光，多么不可思议。

特质 14

用乐观重塑世界

你是怎么看待这个世界的？你看到光明了吗？还是说，你看到的一切几乎都充满了厄运和阴霾？利用茧思时刻来思考一下这个问题，因为根据你的回答，可能有些事情需要你去做。

我倾向于认为孩子和狗都是天生的乐观主义者。当我女儿还在蹒跚学步时,她第一次开口说的一个词是"哇",然后一切都是"哇"。

披萨端到了桌上——"哇!"

一头驴子在田里走——"哇!"

飞蛾撞上窗户——"哇!"

但在这一过程中,发生了一些事情,那就是我们自己——"我们"发生了。

我们的孩子会发现和了解我们的空间,吸收我们对这个世界的反应,无论是语言的还是非语言的、积极的还是消极的。那么,你是一个乐观的还是悲观的人呢?

如果你是那种悲观的人,以消极的眼光看待这个世界,就不能指望孩子以不同的方式来看待它。乐观主义和心理弹性之间存在着一种关联。

我并不是在提倡做"把头埋在沙子里"的鸵鸟,乐观的父母不会忽视黑暗。他们看到了它,但他们选择把注意力和精力集中在光上,而他们的孩子可以从父母的这种反应中获益。

当你一直在关注周围发生的错误时——社会上、政治上、经济上以及在孩子的学校里——实际上是在剥夺他们看到美丽和感受快乐的能力。我们的视角其实是孩子们看待生活的过滤器。

当我们能够专注于那些黑暗中的美好时,就是在为孩子树立榜样。这作为抑郁症的解药非常有效,因为它可以实现神经通路的重新连接。当我们的大脑处于自动驾驶状态,不管世界多么混乱,都能去寻找那些正确的、美好的东西时,就不太可能被卷入黑暗之中。

为了确保我们能够培养出那些即使在黑暗中也能看到光明的乐观主义者,我们自己也必须做到这一点。就像育儿的所有其他方面一样,正如我之前经常说过的那样——从我们开始。如果想知道即使是通过非口头语言，你正在向孩子传达什么，那就看看孩子在怎么说怎么做，他们会用行动告诉你。

我敢打赌，我并不是唯一一个在高速公路上路怒的人，那些大卡车总是不顾旁人随意变道。有一次我们在高速公路上，还在上幼儿园的女儿把头靠向窗户，大声斥责一辆不遵守交通规则的卡车司机："你在干什么！"

那一刻我无比震惊，艰难地咽下一口口水，想"她这是从哪儿学来的？"，紧接着，我意识到这是来自我！

我们的孩子正在模仿我们的一切，包括我们对这个世界的积极程度。我们每天都在做出选择，每一天。我们开车经过同一个隧道口，会选择从窗户的哪一边向外看。当然，不总是看到阳光明媚，但我们做出了选择，我们的孩子也看到了。

善意储蓄罐

有些孩子生下来就比其他人更积极，他们天生就是有这种能力，在乌云密布时找到漏下来的光。而有些孩子在情感上更敏感，看事物的角度更自我，更容易钻牛角尖。

消极会让每个接触到它的人都筋疲力尽，而且会滋生抑郁，而抑郁是心理弹性的敌人。

由于大脑的神经可塑性，改变思维模式、习惯和行为是可能的。作为父母，我们的角色是指导和培养孩子成长，主要是通过角色塑造（通过我们的行为和态度）引导孩子的大脑回路走向正确的方向。

我们家里有一些善意储蓄罐，每个孩子都有自己的大玻璃罐，上面有写着他们名字的装饰。我们准备了一些绿色和蓝色的心形纸片，每天晚饭后，我们都会拿出这些瓶子，在绿色的心形纸片上，孩子们写下他们那天为别人所做的一个善举，然后在蓝色的纸片上写一个别人为他们所做的善举。然后标上日期，我们把它们放回瓶子里。（你可以让孩子从小就开始这样做，让他们复述他们生活中的事然后替他们写下来。）

这对于在日常生活中寻找积极的一面来说是一个强大的思维转变。它将大脑习惯于看到消极的东西转变为去关注那些无处不在的善，并注意到我们周围的人所散发出的爱和善良。看着玻璃罐一天天变满，孩子们会感到生活有价值，是珍贵的、可爱的，这会提高他们的自尊水平。这是一个如此简单和实用的练习，让我们的孩子（事实上，世界上任何一个人）能够在阳光下行走，而不是埋头缩在黑暗以及雷鸣般的厄运和阴霾中。

关于感恩

我们经常听到"感恩"这个词，并被告知要"心存感激"，但我认为我们忽略了这个词在心理和生理上产生影响的力量。

如果你的家里没有感恩练习，那就从现在开始吧。这并不需要很多时间，但已有研究证明，感恩的好处和它能够创造的变化，哪怕只在我们心中停留一天，都是惊人的。研究表明，感恩练习可以降低愤怒、焦虑和抑郁的水平，改善情绪和睡眠，缓解慢性疼痛，增加免疫力！

每天送孩子们去上学的路上，我们每个人都会说一些具体的让我们非常感恩的事情。"具体的"是关键词，而不是喊口号。尽管这很奇妙，但当我们有意识地进入现在，并对现在和今天的事物表示感激时，这个练习就更有效了。

比如，"我很感激今天早上阳光透过车窗""我很感激我们能准时从家里出发，所以我们能提前到达学校""我很感激我的大杯咖啡"。重要的是，无论你说了什么，都应该是经过谨慎思考的而不是随意应付。这个小小的练习让每个人的思维和情绪一整天都朝着一个良好的方向发展，就像多米诺骨牌效应，最终让你拥有美妙的一天。

特质 15

不被情绪绑架

这是一个非常重要的特征，尤其是当你正在面对 10～19 岁这个青少年阶段时，他们会对你的所作所为冷嘲热讽，甚至可能会拿起手边的东西扔你。他们会向你秀肌肉，会反击，会脾气暴躁，也会喜怒无常。

你要做的就是尽可能多地进行深呼吸，并记住"这不是个例！"。无论他们是张牙舞爪，还是濒临崩溃，抑或做出一些你需要无数次深呼吸才能忍受或接纳的事情，都是在向你袒露他们的内心世界。有些东西让他们感到心神不宁，让他们感到不安全，或是让他们的神经系统进入了恐慌状态。在这个发展阶段，青少年的大脑正在经历重大的翻新和彻底检修（回顾特质7），这让事情变得更加复杂。

如果这时候你的反应是把它当成一个针对你的个例事件，然后被激怒，你就上钩了。当你感到红色的怒焰升起时，深吸一口气，问自己："我能让它滑过去吗？"否则，无论你的反应是什么，所引起的一连串的结果都是不值得的，这将会导致亲子关系的脱节和破裂。

我知道青少年的一些行为会让人很恼火，感觉就是在针对我们，但在孩子的发展过程中，他们注定会按下这个按钮，通过这样做把我们推开。青少年的任务之一就是要逐渐独立于他们的父母，他们探索自我的一部分，就是我们角色的转变。

我们可能会因为以下原因而认为那些行为是"消极的"：
1. 它能准确地反映孩子的发育情况，也能表明孩子的身体和大脑在发生什么变化。
2. 孩子们正在挣扎着经历一段很困难的时期。

他们最不需要的就是你也让他们为难，青少年的角色是向你展示他们正在发育的大脑和内心世界里发生了什么。而成年人的角色是创造一个安全的空间，让他们有地方展示自己的脆弱、丑陋、糟糕的一面，并且知道，即便如此，你仍然爱他们。

及时处理伤害性行为

如果青少年的行为对他们自己或他人有害，那么就必须尽快寻求心理健康工作者的支持，帮助青少年驾驭令自己感到不知所措的情感空间。如果你的孩子在猛烈抨击别人或伤害自己，他们可能经历了严重的挫折、伤害、痛苦或羞耻，并正在挣扎着进行自我调整。

当伤害性行为频繁发生时，争取专业的支持很重要。如果这种行为没有那么频繁，请立即把孩子带到更小的、让他们感到更安全的空间，用平静的语调告诉他们类似的话："你是个好孩子，现在你正度过一段艰难的时间。但我不会允许你……"结合当时的情境完成这个句子，例如"……打你的兄弟／弄坏乐高／虐待宠物狗"，等等。和他们一起坐在那个更小、更平静的空间里，或者立刻出门到外面走走。永远不要把孩子锁在房间里，也不要让他们觉得你把他们从你身边送走是为了惩罚他们，或是让他们"仔细想想"。当你的孩子平静下来，能够自我调节时，帮助他们说出自己的感受，并向他们保证你会为他们留出自我的空间。只要孩子有需要，就经常重复你的保证："你是个好孩子，正处在一段艰难的时期，我在这里是为了帮助你。"

如何保持冷静

这里有一个快速的指南，关于当你被激怒时该怎么做：

- 注意你的身体里正在发生的事情。当你感觉到"怒焰"升起时，意识到你已经被激怒了。
- 呼吸。非常非常深的呼吸，用之前提到的任何方法。
- 镇定。在那一刻，你所需要做的就是全副身心地去感觉你的脚趾在哪里，在鞋子里？在地毯上？把你的注意力集中在那里，只要一秒钟就好。
- 如果怒焰仍然在扩大，转过身去，改变姿势，甚至跪下来。当我们的身体改变姿态，我们的大脑会发生变化。
- 记住（是的，再来一次！），"这不是针对我的个例。我的孩子正在经历一段困难的时期，不是故意找碴、故意让我难堪"。
- 问问自己："孩子这种行为背后的需求是什么？"，或者"这符合他们年龄阶段正常的表现吗？"。
- 大多数情况下，一旦暴风雨来袭，一些快速的、富有同情心的连接会在满足孩子的情感需求、安抚他们的神经系统方面产生奇迹。它让每个人都回到一种合作的状态，这是最理想的与孩子共处的状态。

- 如果你真的被困住了，问问你自己："我现在能为孩子做的最具善意的事情是什么？"他们已经很难了，尽量对他们和蔼、亲切一点。

- 如果你需要走开，告诉他们你要花一些时间来调整自己，这样才能以更好的状态回来，满足他们的需求。（我经常在家里使用"调节"这个词，我的孩子已经明白了这到底是什么意思。）通过告诉他们你要去做什么和你会回来，他们就不会感到你在他们最需要你的时候抛弃和拒绝他们。

- 在你说出一个词之前，再深吸一口气。你不是一个坏妈妈（爸爸），而是一个在混乱的、无序的世界里尽着自己最大的努力，想要给孩子最好的一切的普通人。

- 当暴风雨过去，你们的大脑又回到"绿色区域"，再次找到一个安静的方法建立起联系，并且谈谈发生了什么事。绝不因为你的情绪和你对他们行为的反应而责备你的孩子。那些都是你自己的问题！

- 在沙发上休息、娱乐来清理这些触发因素，提高自我关怀的能力，这会让你在那些"愤怒时刻"感受不同。

你不可能每时每刻都把这些事情处理得很好（我们都不行），但要继续练习，别灰心——记住，每次争吵后学到一课都会让你进入一个完全不同的育儿大陆。

特质 16

培养解题高手

我们的孩子天生就是一个好奇的问题解决者,他们的大脑每秒钟会产生成千上万个连接。当我们介入并试图修复和纠正孩子正在做的事情时,就剥夺了他们学习自己解决问题的机会。

大多数焦虑的人也是创造性的问题解决者,但在焦虑状态下,前额叶皮层进入生存模式,就不会去使用"解决问题"这类的执行功能。这很好理解,想象一下,当你被狮子追赶的时候,不可能会记住一个购物清单。

我一直在研究的一件事就是,焦虑的孩子如何摆脱这种"被卡住"的状态,从而获得解决问题的技能。而培养孩子的心理弹性,发展和锻炼这些技能是很重要的。

帮助焦虑的孩子获得解决问题的能力

如果你有一个焦虑的孩子,并且想在他们处于紧张状态时帮助他们获得解决问题的能力,你需要提醒他们几件事:

1. 识别焦虑反映在身体上的感觉。这是非常重要的第一步,因为我们往往在意识到自己陷入焦虑之前就感受到了焦虑的生理影响。这些表现可能包括心神不宁,甚至是嗓子痛、胃痛、头痛、恶心、头晕、心率加快、呼吸急促、颤抖和出汗。当你发现这些迹象时,进入下面这步。
2. 大声在脑海里说"我感到焦虑/担心",或者其他词语来准确描述你的情绪状态。当我们说出自己的情绪时,可以重新连接前额叶皮层,从而离获得创造性地解决问题的技能又近一步。
3. 采用快速的"着陆"技术。把对未来或过去的焦虑情绪带回现在。在当下,我们的大脑能让我们深呼吸,并且让我们的神经系统感到安全。我有一个方法叫做"3—3—3规则",即说出你看到的3件事、听到的3件事,然后深呼吸3次。这个快速而简单的方法非常有效,能快速把你带回现在。
4. 完成以上步骤后,希望在高速狂飙的神经系统已经减速,你的孩子将能够想出一个解决他们所面临的任何问题的办法。

附注: 这些步骤对所有年龄段的人都非常有效。

如果你是一个焦虑的父母,这本书的第三部分有一条是专门给你的。

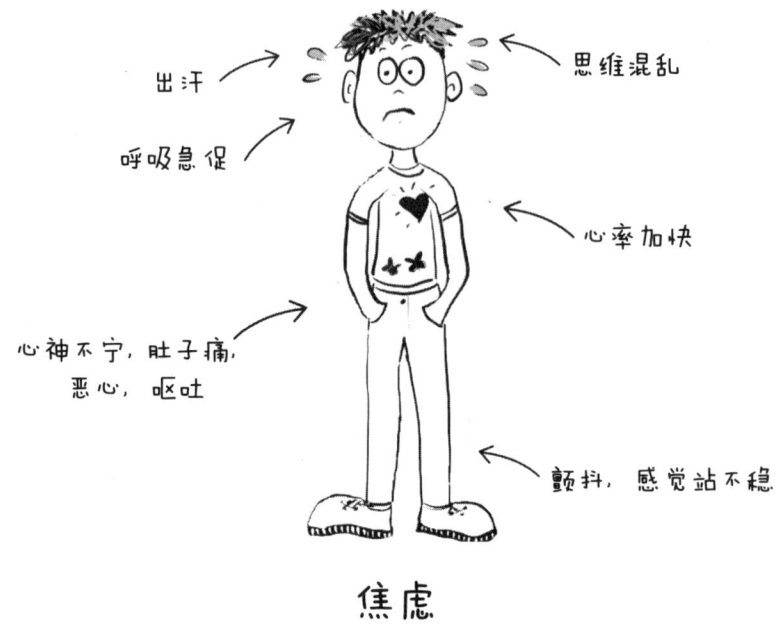

焦虑

当你站在门口，上班已经迟到十分钟了，而你的孩子（按照他们正常成长的速度适当地发展，但还没有任何关于时间紧迫的概念）正在试图系好鞋带，你真的，真的，真的想冲过去三下五除二帮他们系好。但其实在很多情况下，我们都不应该介入，因为这样就剥夺了孩子学习自己解决问题的权利。他们是能够独立想出解决方案的，即使他们需要花费很长时间才能得出这个结论。

我总是尝试着鼓励我的孩子们去解决他们遇到的任何问题，并告诉他们，他们自己才是那个解决问题的人。当然，有时是他们提醒我这一点。

我小女儿大约四岁时，一天下午，我在家工作，孩子们在游泳。突然，女儿湿哒哒地走过来，拿着几个月前买的一副便宜泳镜，它的鼻梁连接处折断了，她非常认真地说："妈妈，我想修好它，能请你帮我吗？"

我看了下泳镜，知道它修不好了，只好回答说："亲爱的，我不知道我们能不能……"

她看起来很困惑，说："妈妈，霍尔德家的人不是总能想出办法吗？"

尽管我不得不温柔地告诉她，这次可能真的没办法了，但我的心里其实是非常高兴的，因为我的女儿已经有这个意识，那就是无论问题是什么，我们都要自己尝试想办法解决它。

周日的晚餐

我们做父母的方式会对孩子解决问题的能力产生深远的影响。我之所以强烈提倡温和的教养方式，是因为它能够培养出独立的思考者、善良的和善于解决问题的孩子，他们在遇到困难时总是积极地想办法。

有一个星期天，我独自照顾孩子们，本来我一直计划晚餐吃卷饼，并为此准备好了所有的食材。可当我打开冰箱时却傻了眼，我一直以为冰箱里有饼皮，结果并没有。两个孩子在我身后看到了，我儿子立刻大声说："别担心，妈妈。我能搞定，我们做炖菜吧！"

接下来，厨房就交给他了，完全不需要我动手，他把鸡肉解冻，把蔬菜切碎，撒上一些香料，煮好高汤，然后加入一罐椰奶，大功告成。事实证明，这是一顿非常美味的晚餐。而我的儿子兴奋异常，自己为家人做了一顿晚餐并且得到了所有人的认可和喜欢，这给了他极大的信心。

解决问题和所有其他执行功能的技能都不可能在一个基于恐惧和专制的家庭中发展起来。当孩子觉得自己很安全，而不害怕评判或惩罚时，大脑就会成长。这就是魔法发生的时候，也是技能自然发展的时候。

为什么解决问题如此重要？

如果你想在这方面帮助你的孩子，让我们来具体看看为什么发展解决问题的能力对心理弹性如此重要。如果我们能解决一个问题，一个本来可能会将我们"击倒在地"，并阻止我们"重新爬起来"的问题，那么这就不再是一个问题了。面对任何问题，只要不被击垮，愿意做任何事情去尝试解决，都能激励我们，给我们希望，这很重要。

有很多方法可以帮助孩子发展这个技能，最重要的一个显然是"角色塑造"（划重点，这是在养育中又一个非常重要的词）。你需要成为一个提问者，经常提出"此时能做什么？"，而不是每次一出问题就方寸大乱。你还需要和孩子就周围世界里的问题进行大量的讨论，并且问一问他们可以做些什么。

比如以下这些：

- 邻居的猫走失了。
- 我想要钱买足球卡。
- 防止虐待动物协会需要给狗和猫提供过冬的毯子。
- 我搞不懂数学作业。
- 当地的海滩上到处都是垃圾。

关键是要问两个问题：出了什么问题？我能做些什么呢？

在面对任何问题时，行动，哪怕是最小的努力和尝试，都能将我们从一种被剥夺权力的状态（被压得喘不过气来，我无法起飞）转变为一种被赋予权力的状态（我正在努力制订一个计划，或者我正在确定一个可以由其他人制订的计划）……像这样，我们正在鼓励孩子发展心理弹性。

问题解决之树

另一种解决问题的方法是使用树形图来分析和决策，一旦你被问题和由此产生的担忧"卡住"，试试用这个工具。它简单有效，能让你迅速理清思路，在你脑海中形成一个清晰的画面，告诉你如何摆脱当下的困境，向前迈进。它对所有年龄段的人都非常有效！

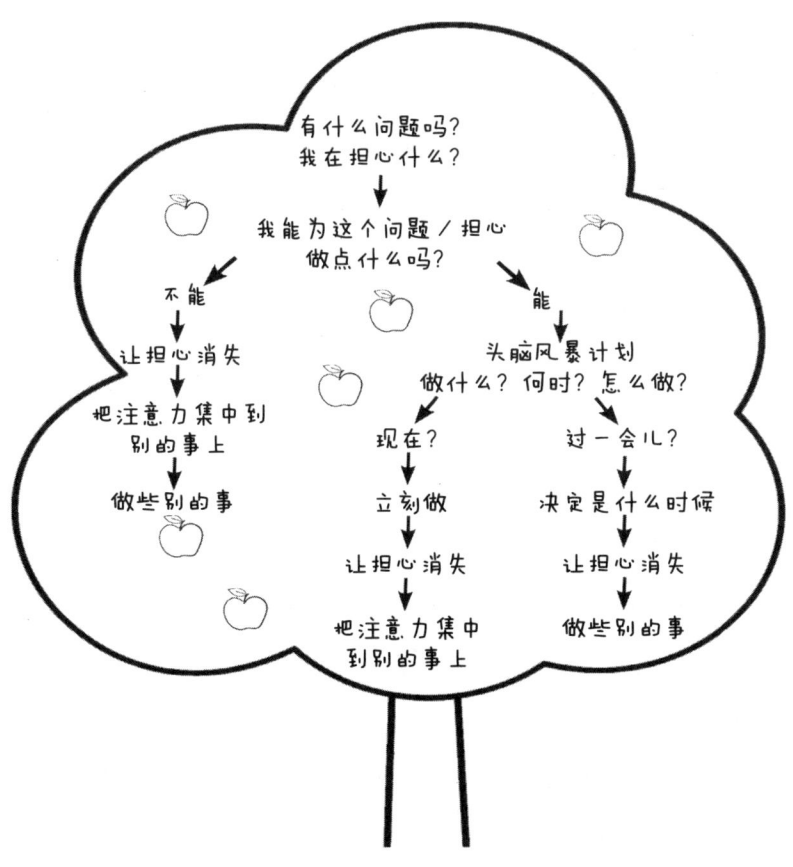

特质 17

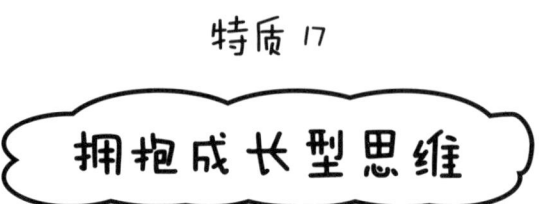
拥抱成长型思维

"固定型思维"和"成长型思维"最开始由斯坦福大学心理学教授卡罗尔·德韦克提出。我们对这两种思维方式的看法、我们在家里的表现,对我们的孩子、对孩子们如何看待生活以及他们发展心理弹性的能力产生了重大影响。

"固定型思维"是指相信诸如智力、才能、个性、性格和能力等方面是不能改变的。有这种思维的人倾向于责怪别人,回避冒险,害怕失败。他们也往往在面对任务时缺乏动力、不愿努力,并在他人成功时感到威胁。

而"成长型思维"相信人们能够通过行动和坚持带来改变。具备成长型思维的孩子相信通过努力可以在任何领域取得进步,挫折也是一种机会,成功或失败并不会与他们的个体身份绑定。哇!你能看到这种思维对孩子心理弹性的影响吗?孩子们会相信:无论我在探索生活的方方面面时遇到什么困难,无论我可能会感到多么沮丧,我都知道自己可能在其中获得成长,我的父母告诉我要坚信这一点。继续尝试,继续尝试,我一定能重回正轨,让生活变得更好。

两种思维方式下的养育

当我反思自己的养育方式以及它对孩子们的心理弹性产生的影响时，我觉得可以把固定型和成长型思维的概念进一步延伸。

在我立马对孩子们的行为做出反应之前，想到这些常常能有力地阻止我。它们帮我稳住呼吸，三思而后行。

有固定型思维的父母给出的反应通常是试图立即遏制它，"现在就停止这种行为"，因为它让人感到不舒服、沮丧、羞耻或尴尬。这些父母往往很难看到"更大的图景"，不明白所有的行为要么是符合孩子发展规律的，要么是在传递一个响亮而清晰的信息，反映了孩子当时的情感需求。他们往往不会反思，当自己因为孩子的行为变得失控，本质是自己的情感空间失调了。所以，那些第一反应是立即阻止孩子行为的家长，就是希望改变、控制孩子，而不是去思考自己应该如何回应，才能鼓励孩子大脑的发展并让他们长期受益。

而拥有成长型思维的父母，在回应孩子的行为时会思考我们现在所说的话对孩子未来自我的影响。我们要记住，作为父母，我们的主要角色是发展孩子的大脑，而不是把他们变成迷你版的只会回答"好的，先生""不是，女士"的成年人，一旦我们只希望从他们那里听到我们想要的答案，他们就永远无法百分百发挥他们的潜力。用成长型思维来养育孩子，鼓励他们也培养成长型的心态意味着我们会养育出有爱心、更成功和更有心理弹性的孩子。

> **情境**：因为吃不到巧克力，孩子在超市崩溃了。
>
> **用固定型思维养育的可能性 A**：从架子上拿起巧克力给孩子，阻止他们尖叫带来的尴尬。
>
> **用固定型思维养育的可能性 B**：气急败坏地告诉孩子，下次再不带他来超市了，并且下个月也不准看电视！
>
> **用成长型思维养育的可能性**：深呼吸。要承认这个事实，现在是下午 4 点半，对你们俩来说，经过漫长的一天之后，此时并不是带孩子去超市的理想时间。在下次去超市之前，记得在车里准备好健康的零食，或者不带孩子去（如果可能的话）。告诉孩子："我知道你现在很想要那个巧克力，我知道你一定很饿。你可以改天吃巧克力。但现在我们去挑一杯酸奶或者拿一根香蕉，你可以把它们作为晚餐前的零食。"

这种情况适用于所有年龄段的孩子，它也可能进行得并不顺利，孩子依然不依不饶。但立即限制儿童的行为往往会导致亲子关系变差，且对孩子的大脑发育没有任何帮助。当我们停下来专注于连接并尽可能冷静地做出反应时，就是在帮助孩子的大脑发展调节能力（上层脑的技能），学会延迟满足，在不能马上得到自己想要的东西时创造性地接受其他解决方案。

显而易见的是，有心理弹性的孩子一定具有成长型思维。同样的，能够养育具有心理弹性孩子的父母，也会专注于自身并通过不断优化自己对孩子行为的反应来发展属于自己的成长型思维。

从孩子很小的时候，我们的言行就传达了很多关于孩子如何看待自己、看待自己的能力的信息。通常，我们无意中发送给孩子的信息会"修正"孩子对自己能力的看法。孩子非常敏锐，他们害怕让父母失望，害怕辜负他们的期望，一旦他们感受到父母挑剔的眼光，就会变得非常焦虑。

当孩子在固定型思维的家庭中长大时，他们会觉得自己在任何领域的"成功"都是被衡量的，这会导致大量的焦虑、压力，在这种环境下，心理弹性是难以发展的。

为了让我们的孩子具备成长型思维，我们需要积极地在自己生活中的每个方面践行它。前面已经数次提及，孩子从我们如何生活中学到的东西远比从我们对他们的说教中学到的多。

如何鼓励成长型思维

做终身学习者：

- ✓ 没有什么事情比和一个"无所不知的人"交谈更让人沮丧了。我们都是有潜力的学习者，你正在读这本书，并尽你所能发展和培养你与孩子的关系，代表着你正在拥抱这种成长型思维，它让我们意识到我们完全有能力改变，并且在成为更好的自己和更好的父母这件事上有无限的潜能。在此基础上，我要站出来说，你已经可以在这一点上打钩了！
- ✓ 未来的父母。记住：我们做父母，不是立刻控制孩子的行为，而是帮助孩子发展神经通路，促进大脑的发展，让他们长成情感健康、富有心理弹性的成年人。

- ✔ 和孩子谈谈他们的大脑在学习和成长方面能展现的惊人力量。大脑有一种能永远保持成长的潜力（谢天谢地我们有神经可塑性，这意味着我们通常可以改变并且探索自己的任何方面！），就像去健身房练肱二头肌一样，我们要经常锻炼我们的大脑，让它变得强大。而当我们这样做时，在生活中能够学习或完成的东西就没有上限了，这多么神奇啊！
- ✔ 每天和孩子进行讨论，以鼓励他们去思考大脑是如何成长的。在我家，我们经常在晚餐时通过"你今天学到了什么？"这个简单的问题来练习。

你还可以这样问：

- ✔ 你今天努力做了些什么？
- ✔ 你今天请求别人帮助了吗？谁帮了你？你有什么感受？
- ✔ 你今天对别人表现出善意了吗？
- ✔ 你今天尝试了什么具有挑战性的任务？
- ✔ 今天有什么事是你本来可以更努力去做的吗？
- ✔ 今天有没有发生什么困难的事，但是你坚持下去了？
- ✔ 你今天解决了什么难题？

- ✓ 做坚持不懈和努力的榜样。这是一个值得深思的茧思时刻：你的孩子是否看到你在努力解决问题，即使任务非常困难也要继续下去？他们会从我们的行为中学会重新站起来，并努力坚持下去。

_____

_____

_____

_____

_____

_____

- ✓ 鼓励冒险和失败。与焦虑作斗争的人往往不会去尝试一项任务，这样他们就不必冒失败的风险，当然，也就意识不到成功是可能的。如果我们不尝试，就永远不知道结果，也不可能成长。从孩子小时候，就多跟他们聊聊失败，其实这也是在提供一个学习的机会。我们在谈论别人和自己的失败、挫折时要非常谨慎，如果孩子觉得我们习惯于评判或批评别人的错误，他们当然不会冒着在我们面前失败的风险，也不会随心所欲地去尝试新的东西。
- ✓ 谈谈历史上那些奋斗过、失败过、不断尝试，最后成功的人。聊成功时，多聊一聊一个人是如何通过努力工作、持续努力、多次尝试、改变想法、解决问题、重新思考解决方案来成功的。我们在家里经常这样做，我儿子是一个不断创新的小发明家，他经常需要无数次地重新设计他的各种作品才能让它们运作起来（有时最初的设想根本行不通，需要进行大量的调整）。我们借这些机会来回顾那些"伟人"的一生，他们在通往成功的道路上犯了很多错误，但每一个错误都是一条学习曲线，让我们更接近那个辉煌的结果。利用互联网多去找找这些"伟人"的案例，如托马斯·爱迪生、阿尔伯特·爱因斯坦、亨利·福特和莱特兄弟等，他们有非常好的故事。

✓ 示范积极肯定的谈话/陈述。这是一个很好的练习，把你每天对自己说的内心想法都记下来。我经常用这样的比喻："想象一下，你跟自己的对话、对自己的评价，如果由你的好朋友来做，你还会愿意跟他待上一整天，甚至还愿意跟他做朋友吗？"我们对自己的看法常常是批判居多（这反映了一种固定的心态），并且很严厉（"你这个笨蛋。我真不敢相信你拐错了路！"），很少表现出同情心（"你能做到的。继续努力！"）。把这些想法扔掉，像对待一个好朋友一样，对自己富有同情心和耐心。

✓ 把问题讲清楚，鼓励孩子想出解决办法。特质18详细讨论了如何帮助孩子培养解决问题的能力。就成长型思维而言，这是一个非常重要的方面。我经常利用开车的机会提问，让我的孩子以"提出和解决问题的模式"思考。例如，如果我们经过一辆停在路边的卡车，我会不经意地问："你认为那辆卡车坏了吗？你认为问题可能出在哪儿？如果你在路边抛锚了，你会怎么做？"开车时、逛街时，甚至在家里，都会遇到无数种情况，当你把问题抛出来，就是在鼓励孩子去解决问题。我的孩子们喜欢这个游戏，而我总是对他们想出的答案感到惊讶。我在教他们的大脑什么呢？当问题出现时，不要放弃。我们会思考是什么导致问题出现，然后想出一些解决方案，这就是发展成长型思维的好机会！

✔ 不要只表扬孩子的成就。我们已经在之前讨论过这样做的风险，但这一点怎么强调都不为过。我们很容易把注意力集中在"哇"和"做得好"上，集中在外部世界可见的东西上，集中在那些能证明我们是"好父母"的表现上，比如成绩单上的 A、全校最厉害的橄榄球队队员，优秀的人才。当一个孩子认为自己要么有天赋，要么没有天赋时，天赋就是固定的。当他们没有"达标"或在某些事上搞砸时，就会感到备受打击。尽管优异的成绩和表现令人艳羡，但我们更需要鼓励和关注的是毅力等品质，是孩子全方面的发展，而不仅仅是某个运动项目或是某张成绩单。我们希望孩子们相信自己有能力做任何事情，尽管他们可能没有在测验中拿到第一名，或者没有在颁奖典礼上登上领奖台，但是没有什么能阻止他们到达那里。

你的思维方式很重要

在任何领域，你的孩子都有无限的潜力去探索并且获得成功。你对他们的看法、你养育他们的心态至关重要，影响着他们的自尊，影响着他们将要成为什么样的人，也影响着他们被生活打趴下后是不是还能站起来。但首先，你自己得是一位具备了成长型思维的父母，这才是孩子们也能长成这个样子的关键因素。

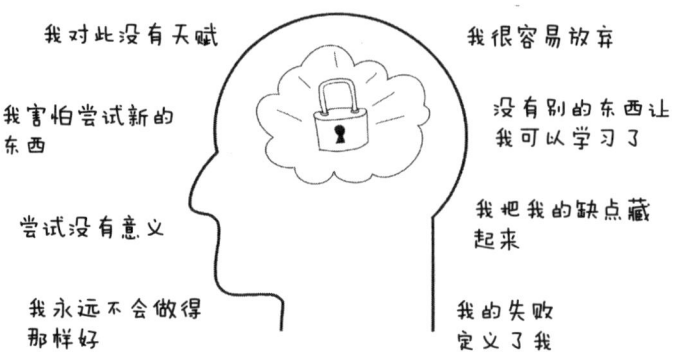

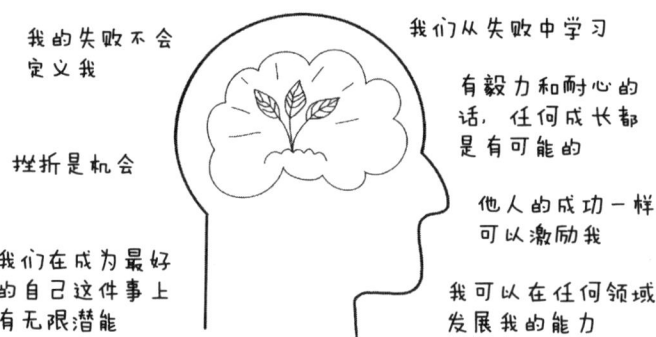

特质 18

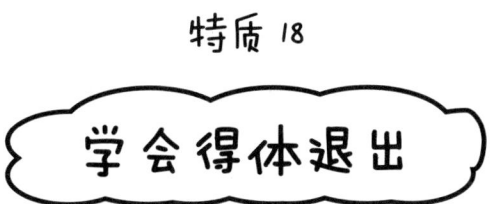
学会得体退出

当我们不能支持孩子走向独立时，对于孩子的成长来说，某种意义上就是一种"失败"。放手对母亲来说很难，我们更习惯于剪掉他们的翅膀，亦步亦趋地跟在他们身后，甚至完全没有意识到我们正在给孩子释放"不要飞！不安全！待在我身边！"的信号。

我在生活和工作中接触了很多处于抑郁和焦虑中的孩子和年轻人，父母不愿意放手、过分溺爱是导致这些问题产生的原因之一。让我们的孩子独立生活是一项挑战，尤其是如果孩子曾经经历过创伤（无论是医疗还是其他方面的），父母就更难放手了。

独立性和焦虑、抑郁之间有直接的关系，没有发展出独立性的孩子长大后就变成了因缺乏安全感而不敢放手的成年人，他们不认为自己能够独自应对这个世界，因为从小我们就不让他们看到全部的世界。一旦他们跌倒，我们往往第一时间就冲过去帮忙，而不是先等一等，让他们自己爬起来，拍拍身上的尘土，继续奔跑。

我知道这是做父母的本能，但要想帮助我们的孩子发展出独立性和心理弹性，很重要的就是创造一个让他们感到足够安全的空间，在这里他们可以自由地去探索、去尝试，不害怕在学习的过程中跌倒。

想想你是怎么教孩子骑自行车的，如果你一直扶着自行车，那么孩子就永远学不会骑自行车。你必须有足够的勇气去放手，才能释放这样的信息：无论发生什么，他们都会没事的，你相信他们能够独立学习并取得成就。这才是给了孩子们成长的自由，只有拥有强大的安静的内心，能感觉到"我能做到，一切皆在我"，他们才能体验到幸福。如果孩子仍旧认为他们需要父母的帮助才能成功，甚至需要靠父母才能在"外部世界"生存下来，那他们永远都不可能成长为一个成熟的、情感丰沛的、健康开心的成年人。

不放手就是阻碍前进。

作为父母，放手并不意味着完全甩手不管，我们要做的是退后一步，守好底线。这样，哪怕孩子摔倒擦伤了膝盖，他们回头看看一直站在身后的我们，也会相信自己能站起来，而且他们确实站起来了。

这是我们能给孩子的最有价值的礼物之一。我们相信他们有能力成长，有能力独自继续幸福地生活。最终，我们也完成了做父母的使命——养育孩子，让他们迈入这个真实的充满着惊喜、欢愉与疼痛的世界。

最近我亲手养大了一只河田小鸡，它在一场大风暴中从巢里掉了出来，而它的父母一直没有来找它。我刚好在朋友的农场，就把它带回家了。刚开始，我给 Happy（我们给它取的名字）准备了一个温暖的、铺着毯子的盒子，准备了糊状的食物用注射器喂它。

后来，虽然 Happy 已经习惯了在户外睡觉，但它仍然每天飞下来，吃注射器里的食物。慢慢地，我把喂食的次数减少到一天两次，我知道它渐渐长大了，可以自己照顾自己了，尤其是看到它能将长喙伸进花园的洞里时，我坚信它一定找到了一些虫子吃。

但在我们全家要去度假的时候，我仍然有些担心，在出发前两天，我打电话给野生动物救援中心，希望能获得一些帮助。工作人员对我说："夫人，听我说，你已经做得很好了，如果是 Happy 的妈妈来做，现在早已经把它赶出窝了。有时候你必须残忍才是善良的。"

这位女士提醒了我，想要帮助我们的孩子发挥他们的潜力、真正茁壮地成长，我们能做的最善良的事就是鼓励他们离开家，有时甚至要给他们一些坚定的推动。

这也正是我们养育孩子的目标，他们不能到 40 岁了还待在我们的"窝"里。你不必担心他们一旦离开就永远不会回来了，如果你们的连接足够紧密，他们总会找到回家的路随时"签到"。

> 当父母的婚姻出现问题时，我经常看到孩子们出现"宕机"的现象（这可能发生在孩子生命中的任何年龄段，尤其当他们在情绪上受到刺激时）。此时，父母往往拿孩子做借口，打着"为了孩子"的名号不去正视自己和伴侣之间的问题，其实是在让孩子承担婚姻问题导致的种种后果。

你过好你的生活，也让孩子走他们自己的旅程。

让孩子如此依赖我们，以至于无法离开，
这对他们来说是一种巨大的伤害。

特质 19

允许孩子搞砸

我的孩子们上一年级是同一位老师教的,她是一位杰出的女性,也是一位非常了不起的教育家,她经常强调一个重要的人生技能,也是在我们家里经常讨论的,那就是犯错。

在一年级的第一周,我的两个孩子蹦蹦跳跳地放学回家,兴奋地说:"妈妈,你猜怎么着?犯错是好事,当我们犯错时,实际上就是在学习。"

我非常感谢有像她这样的教育工作者重申了这个事实——犯错是最佳的学习机会。

我女儿大约四岁时,宣布她想自己做午餐,她走进厨房想要做马麦酱吐司。我在旁边看着这位小姐自己烤面包,自己涂黄油(她坚持全部自己完成)。最后涂马麦酱时,如果你是一个资深吃货,就知道只需要薄薄地铺上一层就好,然而我的小女孩把面包涂满了酱,她一口咬下去,就决定不再吃这顿苦得要命的午餐了。

如果我那天介入,阻止她过量地涂马麦酱,她永远不会知道"少就是多"的重要性。她也很有可能因为我插手破坏了她独立的努力而感到愤怒,这种对抗某种程度上会导致我们之间的疏远。

不用说,那天马麦酱吐司被扔进了垃圾桶,对于某些只能少量或是兑水使用的调味料,她至少学会了什么叫做适量,因为她曾经犯过错。

允许孩子犯错,而不是跳进去帮助孩子解决错误。他们正是在犯错中学习,他们也需要知道,在安全界限内是可以犯错、可以重新开始的。

不久前,我再次意识到人类的不完美中的完美。

我正在整理厨房,手一滑,玻璃的胡椒研磨机摔到了地板上,小碎片滑进了地砖的凹槽里。我八岁的女儿走了进来,平静但肯定地说:

"没关系的,妈妈。我们都会犯错。"

她的话让我很是欣慰,在那一刻我希望她永远相信这句话,我知道她能理解何为同情心、同理心,并能完全接受且践行它。

犯错是我们家的常态。我们确实会搞砸一些事,会大喊大叫,会收拾残局。我们也会走错路,做出错误的决定,但我们也会感到"抱歉",彼此拥抱、彼此宽恕,并原谅自己。只要我们都富有同情心,这些错误都不是问题。作为妈妈,我一直想要为孩子们树立起懂得同情和宽恕的榜样,我希望他们也能这样对待自己。

生活总是充满了错误,有时候我们会让自己沉浸在它们的惩罚中。任何试图保持完美的外表,并假装错误不会发生在"我们家里"的尝试,都只会制造焦虑,切断彼此的连接。

当我们不承认错误,不承认错误就是我们日常生活的一部分,那么孩子就会觉得错误是无法容忍的。我在心理治疗中看到很多孩子,包括我自己,都是在一旦犯错就会受到惩罚的家中长大的。

如果我们身上带着原生家庭的印痕,那么我们的不安全感会导致孩子觉得不应该犯错误。我们的手机像素越来越高,拍摄的照片越来越

"真实",但社交媒体上传的照片却越来越"完美",我们的孩子不可避免地被影响,总觉得自己不够"完美"。

重新定义错误,它们是不完美的人性之美中不可分割的一部分。

我们想让孩子们知道,世界上有一个地方,让他们可以犯错误,并且有足够的安全感,那就是家。在这里,有我们无条件的爱和支持,他们可以勇敢地去尝试,也可以毫不羞耻地犯错,这是他们学习驾驭生活的一部分。

特质 20

坦然说"对不起"

道歉是我们能为孩子做的最重要的事情之一。我们中的许多人从没听到过自己的父母说抱歉,我就是其中之一。

如果出了问题,并不是孩子的错,他们也不知道自己到底该做什么,父母没有及时道歉,那孩子就会认为问题是自己的原因导致的,他们会把坏的东西内化,给自己贴上毫无价值的、不够好的标签。

如果我们不会真诚地道歉,就给抑郁和焦虑的蔓延提供了肥料。说"对不起"是我们给孩子的礼物,因为这句抱歉允许他们成为普通人,告诉他们我们每一个人都不是完美的。

茧思时刻：如果你的父母在你小时候从来没有向你道过歉，那么你很可能不会和他们建立起最深或最亲密的关系，因为他们从来没有在你面前示过弱，也就不能由此与你产生深深的连接。

最好的礼物——"普通人"

我是一个跟完美不沾边的妈妈，经常说"对不起"。一天晚上，我情绪失控，沮丧地对着女儿大喊大叫。当那些难听的话从我嘴里说出来时，我知道我需要弥补，我满怀愧疚，温柔地对女儿说："亲爱的，我非常、非常抱歉，我不应该对你大喊大叫。我错了，我应该调整好自己。"

当时她七岁，伸出双臂搂住我说："没关系，妈妈，你只是一个普通人。"这让我热泪盈眶，她能立马同情并且宽恕我是个普通人，即使她只有七岁。她已经明白了，犯错误是被允许的。她知道，如果她妈妈搞砸了事情，然后说"对不起"，那么她也可以搞砸一些事情。

就心理弹性而言，知道自己可以犯错误、无论如何都能被原谅，并原谅那些可能把他们击倒的人，他们就会成为能在被击倒后再重新站起来的孩子。

每次我跟孩子道歉时，他们从不会说："完蛋了，妈妈。这是压垮我的最后一根稻草！"相反，他们通常会紧紧地搂住我。

允许孩子成为普通人也是我们能给他们的最好的礼物之一——允许犯错，允许不完美，无论我们生活在一个表面上看起来多么完美的世界里。

当你的孩子再大些，应该知道即便犯了什么大错误，也可以来找你，你会指引他、帮助他去克服任何困难，因为你也不完美。对我来说，这是一个非常令人欣慰的事实。

接受不完美

我们都有糟糕的日子，而在那些糟糕的育儿日子里，我们需要好心地提醒自己：世界上没有坏孩子，我们的孩子都是好孩子，只是在那些不太好的日子里，他们过得很艰难。这就是我们需要向孩子传达的信息："你是一个遇到困难的好孩子。"否则，我们的孩子就会把自己内化为坏人。

我们还需要一遍又一遍地告诉自己：我们并不是坏父母，我们都是处境艰难的好父母。

我们需要对自己宽容并富有同情心。如果我们对自己很苛刻，孩子也学不会同情自己。如果我们缺乏同情心，不可避免就会带着"不够好"的沉重枷锁前行，抑郁和焦虑也往往会相伴而来。如果我们感觉自己不够好，且经常因此而自责，就会把这种心态传递给孩子。

作为父母，我们总是认为自己必须做得更多、成为更多，但结果往往背道而驰，最终我们内心会充满怨恨、倦怠，不能在孩子需要我们的时候到场。

很久之前，我经历了特别糟糕的需要独自带娃的一周，我的孩子遭遇了一些困难，而我显然已经被工作、带娃的繁重日常搅得焦头烂额，结果在那天晚上我和丈夫爆发了最严重的争吵。那本应是一个非常温馨的圆满的夜晚，结果却变成了一盘烂水果沙拉，即便我现在回想起来，脑海中浮现的唯一一个词就是"可怕"。

几个小时后，我们在拥抱、哭泣和互相道歉中结束了争吵，最后身心疲惫地沉沉睡去。第二天醒来时，我觉得自己从里到外都被折磨了一遍，灵魂好像被磨碎了一样，是如此赤裸裸，如此不堪一击。

我狠狠地自责："你自诩为一名养育专家，却与孩子如此脱节？这不是好的养育，你应该做得更好。"

我仍然清楚地记得，内心像是有一个严厉的批评家把我撕成碎片，直到晚上开车回家时，我才把自己重新拼凑起来。脑子里有另一个声音开始反驳："不是这样的，别听那些刺耳的话。"我反复思考这些对自己的苛责从哪里来，只有弄明白，才可以不那么自责。

猜猜它们从何而来吧？那个说"不够好，我能做得更好"的声音来自你长大的家庭，一个坚信不成功便成仁的家庭，你要么足够好，要么很糟糕。你期末考试拿不到第一，你就是个失败者；这场比赛你必须拿到第一名，否则就没脸见父母。

作为父母，我们需要接受多样性：我可以成为一个出色的父母，但也会在养育孩子的过程中度过糟糕的一天；我可以非常爱我的孩子们，想花更多的时间和他们在一起，但有几天我也可以开小差，想要打个飞的逃离这一切。这并不是说我是个坏妈妈，而只是说明我是个普通人。

我意识到，我折磨自己并不是因为现实发生的种种问题，尽管我的确不完美，犯下了很多错误，但我仍旧是一个好妈妈。内心那个严厉的批评家源于我的童年，只有当我理解这一点，才能同情自己。我们都必须学会这样做，这可能是我们很多人终其一生都要为之努力的事情。

你已经在阅读这本书，或许还做满了笔记，所以你是一个愿意为养育孩子投入精力的父母、一个尽职尽责的父母，虽然也可能是一个容易犯错的父母，但就足以让你在养育一个快乐而有心理弹性的孩子的过程中更轻松一些。

> 你可以有糟糕的日子,但那些日子并不能定义你,也不能被用来评判你是不是一个好妈妈。

坚毅的品质

很多人问我:"我怎样才能培养孩子的坚毅?"有些人甚至去参加各种各样的项目来培养自己和孩子的坚毅品质,并为此花费不菲。但是,坚毅并不是孤立生成的,而是在爱的关系中发展起来的。

当孩子在一个存在深层连接的环境中感到安全时,坚毅就会发展起来。因为这些深刻的连接,孩子允许自己变得更加脆弱,接受各种可能性,努力拓展自己并收获成长。他们会觉得足够安全,可以摔倒,哪怕擦伤膝盖,也能站起来继续前进。

这就是坚毅,它就是这样生长起来的。

> 建构幸福和心理弹性最重要的决定因素是联结。有很多时候,在一团乱麻中,我束手无策、黔驴技穷,于是我张开双臂,邀请孩子们投入我的怀抱。这就是当下我所能提供的最好的回应,而且这就足够了。安静下来、冷静下来,重新联结。
>
> 当你不知道还能做什么时,就这样吧。安静地抱抱你的孩子,无论你在哪里。

我认识的大多数父母都处于一种持续的疲惫状态，但正是类似拥抱这样的小事能成为你与孩子建立连接的最有力基础。培养心理弹性并不是教授某种技能，能在短时间内看到成效。在一段紧密连接的关系中，构成心理弹性的品质会自然发展，这才是你需要关注的。

你不知道10年或20年后，孩子的生活中会发生什么，会遇到什么困难，会遭受什么损失。但你能知道的是，无论未来发生什么，你现在所做的一切都会对他们未来的生存产生影响。

PART 3
关键养育策略

致焦虑的父母

我曾是你们中的一员,事实上,所有的父母都或多或少地焦虑过。童年的经历让我容易陷入焦虑,而成为父母后,这种焦虑更是被无限放大。

我花了好一阵子才意识到,自己正在变成那种活在恐惧中的家长:害怕彻底失败,害怕重演原生家庭的模式,害怕被所有人评头论足,更害怕失去我的"小心脏们"——那些曾在我体内呼吸、如今在我臂弯中成长的孩子们。

焦虑会摧毁我们,重创亲子关系。它将我们困在对过去的悔恨与对未来的担忧中,却让我们远离当下,在我们与孩子之间竖起一道荆棘丛生的栅栏——我们看得见他们,想握住他们的手,却无法真正靠近。

当我们在恐惧中育儿,一切的成长便停滞了,恐惧会让我们的大脑罢工,做出很多错误的决定。孩子在这样的环境下也无法呼吸,就像缺氧的植物会枯萎、会凋零。若想让孩子在你的"花园"中茁壮成长,你必须先治愈自己的焦虑:寻找心理咨询师、追溯根源、必要时服药,

各年龄段社会与情感发展预期

年龄	社会性	情感发展
0-3		
3-6		
6-12		
12-18		

> 别焦虑!只要孩子认知与身体发育正常,而你注重情感联结,他们自会在恰当的时机绽放。每朵花都有自己的花期,你只需浇水,然后深呼吸。

先爱自己,才能更好地爱孩子。

你应该,你也值得。

♡ 来自一位深有共鸣的妈妈

充满爱意的问候

娜奥米

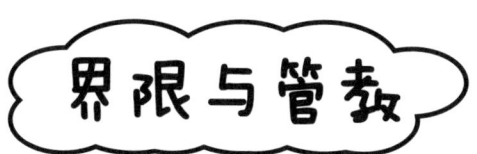

界限与管教

知道很多父母都渴望知道到底应该怎么管教孩子,如何温和而坚定地设置边界。这个话题可以写一本书,但这里我将提炼最核心的教育智慧,并附赠一个极具赋能效果的实用工具!

界限设立的前置条件

在正式探讨"管教技巧"前,让我们先确认以下五大基石是否稳固,否则谈论任何"管教技巧"都是无本之木。

1. 亲子关系永远是第一优先级

请允许我用霓虹灯将这句话投射在夜空:

> 我们与孩子的联结越深厚,引导就越轻松。

孩子天生渴望取悦父母（这是刻在神经系统的本能），他们对亲子关系破裂的恐惧远超我们的想象。如果你能好好使用本书，与孩子构筑起坚如磐石的情感纽带，就会发现孩子突破界限的行为将大幅减少——因为在充满安全感的亲子关系中，孩子更愿意接受引导而非挑战规则。

2. 成为孩子的镜子

你不能一边提倡与人为善，一边对同事评头论足，甚至对邻居家的狗破口大骂，还期待你的孩子能长成一个和善的人。

请永远铭记：

你希望孩子成为什么样的人，首先得你自己活成那个样子。

3. 守护你的情绪绿洲

父母的心理健康是温柔养育的基石。当我们被自己的情绪阴影笼罩时，往往难以分辨：孩子的"越界行为"究竟是成长阶段的正常探索，还是我们处于失控状态下的一种误判？记住：先为自己蓄能，才能为孩子赋能。（我称之为"空箱综合征"，也就是"电量耗尽"）

4. 合理调整你的期待

如果一个蹒跚学步的宝宝朝你扔食物，你气得吹胡子瞪眼显然是不明智的，要知道，这个阶段的小探险家正兴奋地发现："原来我可以把食物捏碎了丢出去，而且能引起爸妈如此有趣的反应！"

孩子很多的"出格行为"往往只是成长的必经之路，而对此施以惩罚会导致孩子压抑自己的情绪，形成"我不值得""我不够好"的心理烙印。临床工作中，我见证了太多因此陷入抑郁的案例。

5. 管教着眼于未来品格

真正的管教是播种未来的艺术（这正是特质 17 中"成长型思维"的精髓）。

当然，以上这些原则在生死攸关时刻都不重要了，当孩子冲向车流或把手伸向火炉时，你完全有权利化身"尖叫女巫"，管他什么冷静、温柔和耐心，此时你要做的是一把把孩子拽回来。

关于服从的迷思

我经常问父母一个问题：你觉得自己孩子的顺从是源于恐惧和控制，还是发自内心的信任？当孩子在强大的联结中感到被倾听和被尊重，自然会更愿意听从我们的意见。

我们让孩子做什么事情的时候，往往希望他们立刻、马上、一秒不差地做出反应，当我们等不到孩子"好的，我就去"的回应时，怒气值就开始飙升。但此时往往是需要你踩刹车的时候，先想想以下基本原则：

- ✔ 和孩子在同一个空间里
- ✔ 进行眼神交流
- ✔ 先唤起注意再提出请求
- ✔ 保持语气温和
- ✔ 简化指令
- ✔ 预留反应时间（儿童听觉处理系统尚在发育，接受和处理信息需要更长的时间）

而且，请现实一点，假如你正优哉游哉地吹着空调追着剧，老公说让你去户外挪车，你会立马微笑着站起来说"好的"吗？你大概率会充耳不闻。你自己都做不到的事情，又怎么能苛求孩子？将心比心，对孩子多些体谅吧。

 茧思时刻：你对孩子有没有过"小大人"的期待？

界限设定指南

当需要设立行为边界时，请将这些准则镌刻于心：

- ✔ 作为心智成熟的引领者，你既是灯塔也是港湾。让孩子在你包容的羽翼下，获得被守护的安全感。
- ✔ 你和孩子在同一条船上，放下"我 vs 孩子"的看法。孩子从来都不是问题本身，你们是一条战壕里的战友，需要共同来解决对面的"敌人"。
- ✔ 有意识地做父母，清楚孩子的哪些行为会触发自己的情绪按钮。深呼吸，让理性追上本能，再做出回应。
- ✔ 孩子的言行可能唤醒我们内在那个受伤的小孩，那是潜伏在每个人心中的童年伤痕。无论孩子做了什么，都请你尽可能用爱来回应，提醒自己他们此时也正经历着痛苦，亟需你的安慰。
- ✔ 每个孩子都有自己独特的发展轨迹，他们的认知方式可能与你截然不同，换位思考是成人才谙熟的能力。记住这点，你就会更多地把"管教"看成团队合作，而不是单方面地发号施令。
- ✔ 在孩子进入青春期后，你可能会遭遇越来越多的"挑衅"，但这绝大多数是孩子确立自我的试炼，选择性忽视比及时纠正更具智慧。而如果你的家庭秉持一以贯之的价值观，孩子自会有明辨是非的能力，自行纠错。

✓ 管教的精髓，就是在孩子的行为与你的回应之间留出空间，让你能够冷静下来思考缘由、理解孩子、调节自身的状态。留出这个空间，待风暴平息后共同复盘，往往会收获意想不到的成长顿悟。

自然结果教育法

自然结果教育法最契合温柔养育的理念。自然结果即不借助他人的干预，由行为自发衍生的必然结果。这可能是自然规律使然（如孩子拒绝穿外套着凉），也可能来自自己行为产生的后果（比如孩子摔门夹伤手指）。

虽然我们不希望孩子受到任何伤害，但有时这是不可避免的，他们需要为自己的行为承担后果，只有这样，下次他再火冒三丈时，才会考虑要不要摔门。当你为他处理好手指的伤，情绪风暴归于平静时，正是探讨如何更健康地管理愤怒的好时机。

尽管我们骨子里刻着"家长必须掌控局面"的基因，目睹孩子试错简直就像在我们心头剜肉，但恰当运用自然结果，将开启孩子认知、社交与情感发展的三重飞跃。

✓ 决策力淬炼
✓ 问题解决思维
✓ 批判性思考

- ✓ 因果逻辑构建
- ✓ 责任感觉醒（告别过度保护的茧房）

更可贵的是，你们的亲子关系始终沐浴在信任的阳光下，你的角色是在自然结果发生后引导孩子反思，而不是充当一个审判者。而且不仅消极结果具有教育价值，积极结果同样是珍贵教材："全力备考换来优异成绩"的经历，与"忘带雨伞淋成落汤鸡"的体验，在生命课堂上具有同等的分量。

以下是一些自然结果的案例。

请记住你的角色始终是引导者，尤其是年幼的孩子，可能需要一些提醒和支持，告诉他们可能产生的后果。

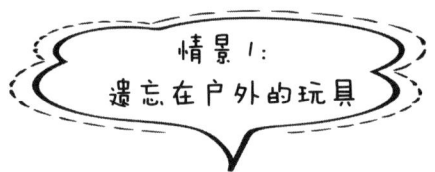

情景1：遗忘在户外的玩具

家长提示："玩具们在花园过夜的话，可能会成为狗狗的磨牙棒哦！"

自然结果：孩子要么把玩具收拾好，要么迎接狗狗的"惊喜改造"。

当然，提醒孩子整理不是下军令状，你完全可以把这变成亲子协作的游戏场，当我们和孩子一起并肩作战时，整理也能变成一场有趣的冒险！

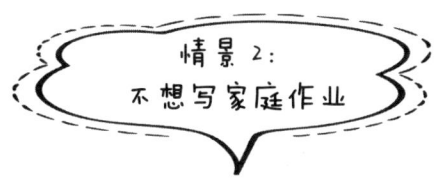
情景2：不想写家庭作业

家长提示："时间不早了，如果你还不开始写作业的话，就可能完不成了哦！"

自然结果：孩子开始乖乖地写作业，或者第二天交不上作业可能被老师批评，并且在课间玩耍时间补做。

总结一下自然结果教育法的几个关键要诀：

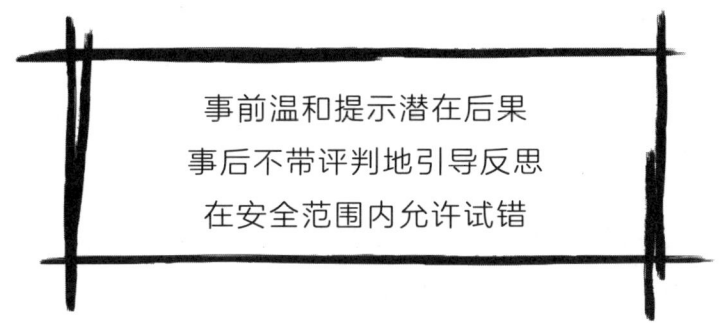

事前温和提示潜在后果
事后不带评判地引导反思
在安全范围内允许试错

家庭会议：培育家庭价值观的魔法时刻

当全家人对家庭价值观及其衍生的界限达成共识时，我们才能来具体讨论如何设置边界的问题。

除了日复一日地以身作则，召开家庭会议也是讨论家庭价值观的好方法。请一定不要把家庭会议开成死板沉闷的"员工大会"，首先得轻松有趣，孩子们才会愿意参与。

- ✓ 我们是缔造温暖港湾的梦幻战队。
- ✓ 每个决定都是集体智慧的结晶。（请将"家长独裁手册"永久封印）

在家庭会议上，我们可以公平分配家庭劳动任务，谈论任何希望在家庭中改变的事情，也可以庆祝彼此微小的进步与成就。我们会发现，孩子们常会迸发令人惊叹的智慧火花，他们的敏锐和创意常常让我感叹：童心即是神谕。

当然，切记要用有创意的方式来邀请孩子参加，比如准备一封精美的邀请函，写上"诚邀您参加今日的下午茶活动／披萨之夜／桌游之夜"等。

此外还有几项会议守则：

- ① 千万不要把会议开得又臭又长，15—30分钟最佳。（超时即触发昏睡咒）
- ② 不要强迫孩子参加，那样会适得其反。
- ③ 制作一个家庭愿景板，写上你们共同遵守的价值观。
- ④ 每个家庭成员选择自己的角色：记录员、时间提示员、零食分配员、主持人等。
- ⑤ 设定会议规则：彼此尊重，一次一个人说，每个人都有发言机会，且会议期间禁止使用手机。
- ⑥ 家长学会保持安静，哪怕不同意孩子的话，请先倾听。
- ⑦ 不是所有的问题都能通过一次会议解决。

家庭会议的目的不是让孩子们随心所欲，而是强调你们作为一个团队，正在一起努力解决当下的一些问题，或是重温那些骄傲闪光的时刻。唯有如此，家庭的价值观才能根深蒂固。

 茧思时刻：你在日常生活中向孩子传递了哪些家庭价值观？你是否践行这些价值观，并言行如一？

ABC 沟通法则

当自然结果教育不可行，你又必须为孩子的行为设置某些边界时该怎么办？比如禁止随意浏览互联网、在外过夜等，作为成年人，你知道如果不对这些设限，很有可能对孩子的身心造成伤害。而一旦你立下某些规矩，孩子又可能白眼翻上天，甚至摔门而去。此时，就轮到 ABC 沟通法则上场了，虽然并不一定能完全奏效（也没有任何方法可以做到），但是孩子们会在你设置的边界内感到被理解、被赋权。

A（Acknowledge）——共情确认

确认孩子的情绪，特别是愤怒、悲伤和恐惧，并和他们共情。这会让他们在情绪失控时感到被理解、被爱和连接。这是运用 ABC 沟通法则的基石。

即使孩子朝你怒吼："我才不是这样想的呢！"也请温柔回应："妈妈正在努力理解你现在的感受，或者你愿意自己跟我说说吗？"如果他此时非常愤怒，没有沟通的可能，那就等一会儿，直到他的情绪平复下来，再尝试走进他的世界。

B（Boundary）——明确界限

只有全家就边界问题进行沟通并且达成一致时，孩子才能感受到爱或安全感。界限越清晰、简单，孩子越容易遵守，并且在孩子越界时，态度平和地提醒他们。

边界并不是一成不变的，有时你需要放下家长的权威面具，听取孩子的意见，承认自己考虑不周，邀请孩子共同修订某些规则。

C（Choice）—— 提供选择

在安全范围内赋予孩子决策权。尤其是当局势变得失控时，给孩子提供选择，可以瞬间平息80%的情绪海啸。（选择，是最具赋权性质的养育词汇之一）

案例：孩子希望去朋友家留宿

A："妈妈知道你很想去苏西家过夜，你现在很沮丧。"（真诚地表达理解，而不是表演理解）

B："妈妈和爸爸都不认识苏西的父母，等我们两家彼此更了解、更熟悉，你才能去她家过夜。"（提醒他们边界）

C："这周六白天你可以邀请苏西来我家玩，或者你去她家玩也可以。"（给予他们选择）

不要指望孩子会对所有的边界喜大普奔地照单全收，作为父母，必须有所坚持。只要这些边界不是源于我们自己的不安全感或童年创伤，并且在执行时抱有理解和共情，孩子最终一定会接受，甚至会感谢你！（我说的是很久以后！）

 茧思时刻：你是否有明明知道给孩子设置了不恰当的边界，但却死鸭子嘴硬的时候？

"80—20"养育法则

虽然这个概念来自经济学，但在养育中同样适用，这意味着放弃完美主义幻想，允许 20% 的失误，没有人能在每时每刻都做到 100% 绝对正确，自然结果教育、ABC 沟通法则、建立联结……这超出了人类能力的范围。

过度追求完美的人往往会感到压力和挫败，一旦犯错也很难走出情绪低谷。当你因为 20% 不那么完美的时刻而给自己贴上"不够好"的标签时，那剩余的 80% 可能也毁了。对自己宽容一点，拥抱自己的人性，才更有可能坚持走完一趟以关系为重点的养育旅程。更重要的是，你对自己的慈悲，也会成为孩子们自我接纳的蓝本。

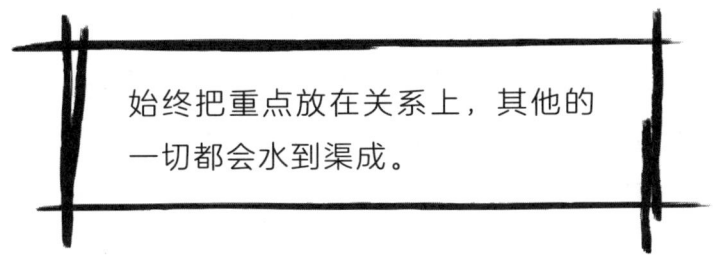

始终把重点放在关系上，其他的一切都会水到渠成。

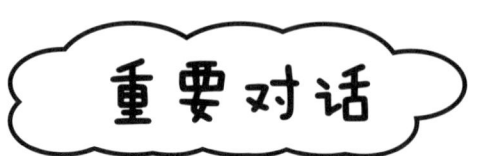

重要对话

我 12 岁时接受的"性教育",来自妈妈随手丢在我书架上的关于仓鼠宝宝的绘本。显然,这并不是一个开启"重要对话"的好方法。

孩子需要与你谈论那些"沉重"甚至"尴尬"的话题:人口贩卖、毒品、性少数群体(LGBTQIA+*)、色情、战争……尽管你面对这些话题时内心可能感到惶恐不安甚至想拔腿就走,但顺利进入这些对话首先必须直面它们。而要想让孩子愿意主动向你敞开心扉探讨这些人生议题,你必须营造令他们感到安全的亲子关系——这意味着你保持开放的心态、放下评判、避免过激反应,也不能把"绝对不可以"挂在嘴上。并且,云淡风轻地用"晚餐吃点什么"一般的平常心回应。

最近,我与儿子有一次关于毒品的对话。当时我们目睹一名吸毒青

---

*性少数群体在国际上也被称为"LGBTQIA+",表示女同性恋(Lesbian)、男同性恋(Gay)、双性恋(Bisexual)、跨性别(Transgender)、酷儿(Queer)、间性人(Intersex)、无性恋(Asexual),简称"LGBT"。

年在海滩游荡，晃荡到了我家的阳台附近。我平静解释，他安静倾听——请记住，孩子们不需要百科全书式的答案，只需一个让他们感到安全的对话空间。

重要的是，让孩子第一次接触这些话题的"知识库"必须来自你，而不是随意在互联网上搜索得来的答案或是同龄人七嘴八舌的分享。当我们能坦诚地与孩子们谈论这些话题，也是在为他们注入力量，让他们以后真的直面这些问题时，不会被吓倒，也不会轻易被击垮。曾经从你这里、从家这个安全港湾里获得的知识，会化作他们构筑心理弹性基石的一砖一瓦。

让一切源自于你。

我知道现在的父母特别喜欢"金句",因为它们信息高度浓缩,且能够引发情感共鸣。尤其在那些兵荒马乱的育儿时刻,"金句"更容易浮现在我们的脑海,助我们从容破局。

以下是我的生命修行笔记,与你共勉:

1. 孩子的情绪风暴从来不是针对你,真的不是。
2. 孩子的呼吸与睡眠,是为人父母最神圣的自我救赎。
3. 一个平静的大脑才能让另一个不安的大脑冷静下来。
4. 我们的压力状态,而不是孩子的行为本身,决定了我们如何回应。
5. 当不知道如何回应时,问问自己:此刻,我能给孩子最温柔的礼物是什么?
6. 当我开始疗愈童年的创伤,便是在为孩子解除命运的枷锁。
7. 接纳孩子的情绪风暴,我的怀抱是孩子永远的安全港。
8. 孩子推开你时,恰恰是最需要你张开双臂的时刻。
9. 养育不是一场权力斗争,不要控制,不要总是"正确",它是一场混乱而美丽的舞蹈。

10. 活成你期盼孩子成为的模样，便是最无声的教诲。

11. 一句"妈妈错了"，胜过千万句"我这是为了你好"。

12. 每天花一点时间与孩子进行深度的联结，胜过终日心不在焉的陪伴。

你读完本书后，一定有属于你的"灵魂触动时刻"，你可以把它记录下来。

1. _____
2. _____
3. _____
4. _____
5. _____
6. _____
7. _____
8. _____
9. _____
10. _____

当我向孩子们征集给父母的建议时，他们的智慧令我惊叹：

1. 认真听孩子说话。
2. 孩子的眼泪不是洪水猛兽，别慌张。
3. 不要无缘无故对孩子大喊大叫。

4. 放下手机,眼睛里有星星时再说话。

5. 拥抱永远不嫌多。

6. 看不见的冷暴力比打骂更伤人。

7. 陪孩子一起疯玩。

8. 哭泣时的陪伴,胜过千言万语。

9. 遇到孩子放学后情绪低落,请给他一个大大的拥抱。

10. 当孩子淘气时,不要动手,温柔地提醒,如果他们没听到,就温柔地再说一遍。

终章：
养育是一场双向治愈的旅程

亲爱的同行者，感谢你坚持与我一同走到这里，希望这趟旅程曾带给你会心一笑的顿悟，也曾带给你闪着泪光的共鸣，以及"原来如此"的豁然开朗。在此，请允许我献上三枚心灵指南针：

♥ 卸下愧疚的枷锁

所有过往，皆为序章。育儿从不是完美主义的竞技场，而是一场觉察当下的修行。每个细微的 1° 转变，或静默的茧思时刻，都是亲子关系全新的开始。

♥ 你们已经是非常好的父母了

没有时时刻刻都完美的父母。在育儿这趟艰难的旅程中，你们就是"足够好"的父母，而他们也是"足够好"的孩子。这份不完美的契合，恰是生命最温柔的安排。

♥ 让欢笑成为家庭圣殿

每周预留 15 分钟与孩子们共赴"欢笑之约"：满地打滚、枕头大战、互做鬼脸……这些时刻，将成为孩子记忆地图中最璀璨的星座。

最后，十余年的育儿之旅和三十年儿童心理工作经历，我淬炼出这样的生命认知：

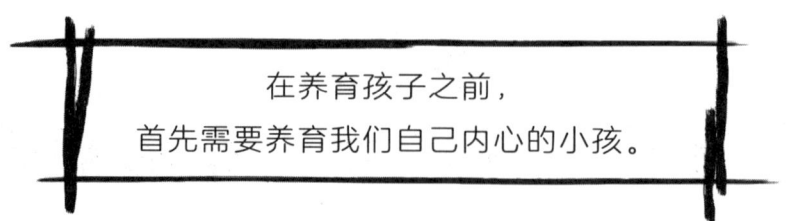

在养育孩子之前，
首先需要养育我们自己内心的小孩。

疗愈我们不是孩子的责任，但当我们敞开心扉从孩子身上学习时，治愈便在灵魂共振中悄然发生。育儿犹如照见生命的棱镜，让我们透过孩子的眼睛重新审视这个世界，直面我们身上的裂痕，并在破碎处长出新的枝叶。

每晚入睡前，想想今天从孩子身上学会了什么，你会收获很多接纳的智慧、创意的火种以及一往无前的勇气。

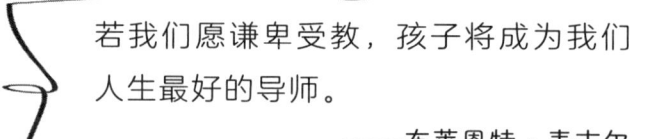

若我们愿谦卑受教，孩子将成为我们
人生最好的导师。
——布莱恩特·麦吉尔

带着爱意迎接新的明天吧！即使被击倒在地，你与孩子也一定能拍拍身上的灰尘，重新站起来昂首前行，去邂逅生命最饱满的样态。

蹦跶吧！

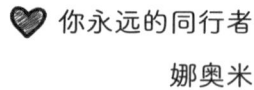 你永远的同行者

娜奥米

致 谢

我怀着无限的爱和感激,感谢那些在写作过程中以各种方式支持和帮助我的人。我必须承认,一边回顾整个旅程,一边写下这些致谢,是整本书最困难的一部分,毫无疑问,它让我泪流满面。

献给我的第一位老师——我的母亲。她教会我保持坚强、不屈不挠、坚持前行、始终善良、寻找光明,并永远不要失去希望。她通过自己的言行,教会了我这一切,即使在面对重重困难时,她依然不放弃。

献给我迄今为止最伟大的老师,他们是在我母亲离开这个世界数十年后到来的——我两个美丽的孩子,克里斯蒂安和瑞秋。你们每天都让我惊叹,赋予我智慧的见解。你们教会了我如何充实地生活。你们给予我的爱比我曾经给自己的爱要更多。作为母亲,我不可能比现在更骄傲、更感恩了。

献给我的丈夫——我生命中的磐石——我的大地、我的理性、我的冷静。你让我感到稳定和踏实,赐予我飞翔的勇气,以及安全的归属。因为有你,我才能展翅高飞。谢谢你始终信任我、爱我,让我相信自己是值得被爱的。

献给我的哥哥和姐姐——基恩和多琳。在风雨飘摇的岁月中,你们始终支持着你们的小妹妹。在我还没有学会相信自己的时候,你们就先相信了我,而且你们是第一个对我说出——"我为你感到骄傲"的人,我从未忘记这句话。天哪，我真的非常爱你们，我非常感谢能够称呼你们为我的兄弟姐妹。

献给我的知己莎伦。你有着非常珍贵且稀有的品质，能够真心为他人的成功感到欣喜，并且在他们做到之前就已经意识到了他们的潜力。感谢你一直以来的爱、信任和支持。我很幸运能与你一同走过人生的这段旅程。

献给杰德。感谢你对编辑工作的帮助，以及一切一切（我可以写好几页！），但最重要的是，感谢你成为我的朋友，感谢你让我一直笑着（常常是大声笑出来），感谢你从我们相遇的那一刻就尽全力为我加油。我永远感激——感激这一切的一切。

献给我的来访者们，无论年老的还是年轻的，你们让我在生命的道路上学到了很多关于成长与心理弹性的故事，也给予了我陪伴你们走过黑暗，并见证你们学会重整旗鼓的荣幸。

最后，但绝对同样重要的——献给潘·麦克米伦。感谢你们让我的童年梦想变为现实，并相信我能做到。哇，真是难以言表。感谢你们给予我这个非常珍贵的荣誉。你们真的是一个了不起的团队。特别要向安德莉亚表达巨大的感谢——你对我、对我不太完美的英语以及在写作过程中的多次拖延所表现出的耐心，值得一枚奖章。

献给所有在人生旅程和为人父母的道路上并不总是一帆风顺的人，你们翻开了这本书，阅读了这些文字——感谢你们通过改善与孩子的关系，选择为孩子的生活带来改变。我无法大声地喊出这点，但我希望你们无论如何都能记住——你们正在改变几代人的未来。

怀着爱与感激，献给你们所有人。

译后记

2024年5月,在西安举办的第二届青少年心理安全论坛上,我遇到湖南教育出版社的陈慧娜老师,聊起一些教育的话题甚是投缘,慧娜也提到希望以后有机会能有图书出版方面的合作。

未曾料想机遇很快到来。6月份慧娜发来名为Bounce的英文书稿,邀我担纲翻译。通读书稿框架并试读样章后,这部聚焦心理弹性培养的实践指南令我耳目一新——书中将发展心理学理论与养育实践融会贯通,恰好弥补了我讲授发展心理学课程时较少涉足实践的遗憾。

当年暑期,实验室迎来众多参与科研实践的本科生与研究生。我们正寻求优质共学素材,这份翻译邀约恰逢其时。来自八所高校的年轻学子们展现出极大热忱:北京大学的赵廷昊、香港中文大学的王小笛、康奈尔大学的单琪琪、范德堡大学的李欣睿、南方医科大学的郭欣荣、上海大学的杨玨辰、圣安德鲁斯大学的闫文骞以及北京师范大学的崔悦,诸位通力协作完成初译,由我统校全稿。

与我过去常翻译的教材不同,这本书没有很多学术概念的精准阐述,但实践导向的行文风格也给我们的翻译带来了不小的挑战。那些蕴含文化隐喻的鲜活案例,既需精准转译又要保留其神韵,着实让同学们费了不少工夫。犹记闫文骞同学笑谈:"成书定要赠予双亲——书中列举的教养误区,他们堪称'踩坑典范'。"这般趣谈恰恰印证了发展心理学规律的跨文化普适性，更让我们在字斟句酌间，触摸到全球父母共同的教育迷思与突围路径。

关于核心术语"resilience"的译法定夺，我们历经数轮思辨。雷雳教授的精辟见解颇具启发性：相较于强调抗压不折的"韧性"、侧重恢复原态的"复原力"，"心理弹性"更贴切地传递出"触底反弹且跃升新高"的动态发展观。这一译法最终获得团队共识，冀望读者能从字里行间，感受到穿越逆境后的生命拔节之声。

此书付梓之际，谨向每位翻开书页的读者致意。愿这些跨越语言藩篱的智慧结晶，能化作滋养心灵的清泉，共同守护每一个生命的蓬勃生长。

苏彦捷

于北京大学王克桢楼

2025 年 2 月

著作权所有，请勿擅用本书制作各类出版物，违者必究。

图书在版编目（CIP）数据

心理弹性 /（南非）娜奥米·霍尔特著；苏彦捷等译. -- 长沙：湖南教育出版社，2025.4. -- ISBN 978-7-5754-0864-6

Ⅰ.G444

中国国家版本馆CIP数据核字第20251F76K9号

Original title: Bounce: How to Raise Resilient Kids and Teens
Copyright © 2023 Naomi Holdt
Published by Pan Macmillan South Africa
All rights reserved.

The simplified Chinese translation rights arranged through Rightol Media（本书中文简体版权经由锐拓传媒旗下小锐取得Email:copyright@rightol.com）

湖南省版权局著作权合同登记章字：18-2025-056

XINLI TANXING
心理弹性

出　版　人：刘新民
项目统筹：陈慧娜
责任编辑：姚晶晶
封面设计：宋祥瑜
出版发行：湖南教育出版社（长沙市韶山北路443号）
电子邮箱：hnjycbs@sina.com　　　网　　址：www.jiaxiaoclass.com
微　信　号：家校共育网　　　　　客服电话：0731-85486979
经　　销：全国新华书店
印　　刷：长沙超峰印刷有限公司
开　　本：710 mm×1000 mm　1/16
印　　张：14　　　　　　　　　　字　　数：175 千字
版　　次：2025 年 4 月第 1 版　　印　　次：2025 年 4 月第 1 次印刷
书　　号：ISBN 978-7-5754-0864-6
定　　价：58.00 元

本书若有印刷、装订错误，可向承印厂调换。